Ganar al tenis

Guía para el jugador inteligente

Ganar al tenis

GUÍA PARA EL JUGADOR INTELIGENTE

Cómo entender a su oponente
y ganar más partidos,
sea cual sea su nivel

BLUME

Rob Antoun

BLUME

Título original
Winning Tennis: The Smarter Player's Guide

Edición
James Ashton-Tyler, Sorrel Wood, Caroline West
(Bluedragonfly Ltd.)

Diseño
Mark Latter (Bluedragonfly Ltd.)

Fotografía
Simon Pask; Antenna/Getty Images (portada)

Traducción
Carolina Bastida Serra

Revisión de la edición en lengua española
Jordi Espárrech Sardà,
Asesor deportivo y Licenciado en Educación Física

Coordinación de la edición en lengua española
Cristina Rodríguez Fischer

Primera edición en lengua española 2013

© 2013 para la edición en lengua española
Naturart, S.A. Editado por BLUME
Av. Mare de Déu de Lorda, 20
08034 Barcelona
Tel. 93 205 40 00 Fax 93 205 14 41
e-mail: info@blume.net

© 2013 Marshall Editions
The Old Brewery
6 Blundell Street
London N7 9BH
www.marshalleditions.com

I.S.B.N.: 978-84-8076-855-9

Impreso en China

www.blume.net

CONTENIDO

INTRODUCCIÓN

Cuando decidimos mejorar nuestra práctica en el tenis, acostumbramos a invertir más tiempo en aprender a golpear la pelota con mayor velocidad, precisión y consistencia. Sin embargo, este deporte se basa tanto en golpear la pelota como en recibirla, lo cual significa que el 50 % del tiempo lo empleamos en la preparación para responder al golpe de nuestro oponente. Los jugadores de mayor éxito son aquellos que aprovechan al máximo estas fracciones de segundo para prepararse; son los mejores recibiendo la pelota. Si mejora su destreza como receptor, aumentará su capacidad de anticipar el siguiente golpe del oponente, lo que, a su vez, le permitirá percibir la pelota entrante rápida y claramente para, a continuación, responder desde la mejor posición posible sobre la pista. Durante el curso de un partido, su oponente le ofrecerá numerosos *inputs* visuales de cómo y hacia dónde es más probable que se golpee la pelota. Este libro le ayudará a detectarlos para responder mejor a la pelota —y ganar más partidos con las habilidades que ya posee.

Esta obra es única porque no le dice cómo hay que golpear la pelota. Está dirigida sobre todo a jugadores competitivos de fin de semana, y se centra específicamente en el análisis del rival, lo que le permitirá incrementar sus probabilidades de éxito de forma rápida y fácil. Describe los golpes que con mayor probabilidad efectuará su oponente durante el juego y los analiza de forma experta en los aspectos técnico y táctico. *Ganar al tenis* le enseñará a anticipar un golpe en función de la posición en pista, la empuñadura y el *swing* de su oponente, así como a detectar pistas sobre sus patrones de juego preferidos. Además, descubrirá cómo adaptar su preparación y posición en pista a la trayectoria de la pelota entrante, y qué tipo de golpe efectuar en función de las circunstancias concretas.

Este libro se divide en las cinco situaciones principales del tenis; aporta consejos sobre el servicio, el resto, el juego sobre la línea de fondo, la aproximación y el juego de red, así como aquellos casos en que es el oponente quien se acerca a la red. Cada sección analiza los golpes potenciales en función de las intenciones del oponente, con numerosas fotografías y diagramas para explicar cada escenario.

En las primeras páginas aprenderá las técnicas básicas para interpretar el juego, que le ayudarán a analizar con mayor agudeza los movimientos de su oponente y de la pelota recibida empleando la anticipación y la percepción. También conseguirá mejorar y desarrollar su habilidad para la toma de decisiones mediante un sistema que le permitirá crear un abanico de respuestas tácticas ante cualquier situación de juego.

El último capítulo se centra en estilos de juego frecuentes, y destaca los métodos que utilizan los mejores jugadores del mundo y cómo usted puede incorporarlos a su propio estilo. Aquí encontrará formas específicas de jugar contra cada tipo de juego distinto, de modo que siempre podrá hallar una solución por muy astuto que sea su oponente.

¡Espero que disfrute ganando más partidos de tenis!

Rob Antoun

⮑ **Leer el juego**
Novak Djokovic es un maestro tanto en la recepción como en el golpeo de la pelota.

CÓMO USAR
ESTE LIBRO

No tiene por qué leer este libro de principio a fin; diríjase directamente a la sección que más le interese. Piense en los distintos tipos de juego (servicio, resto, juego en la línea de fondo, juego en la red) y en dónde residen sus virtudes y sus puntos débiles. Considere en qué parte de la pista se siente más cómodo y con qué táctica necesita más ayuda.

Ideas clave Estos cuadros destacan las ideas clave de cada sección con útiles recordatorios sobre qué puede hacer para mejorar su juego.

Qué observar cuadros de fácil visualización con fotografías que muestran lo que está haciendo su oponente.

Fotografías anotadas Las líneas de «rotulador» indican los puntos clave de las fotografías.

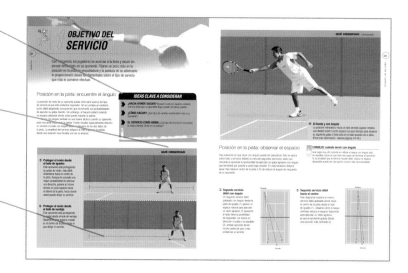

¿Individual o dobles? La mayoría de los consejos de este libro son aplicables tanto al juego individual como a dobles. Los encabezados indican si el consejo concreto es más adecuado para el juego individual o de dobles.

Patrones de juego Planes directamente aplicables sobre la pista para ganar en situaciones específicas, dirigidos tanto a partidos individuales como de dobles.

Cuadros de consejos y ejercicios Cada capítulo cuenta con consejos sobre cómo mejorar sus habilidades, y sugiere ejercicios prácticos que puede realizar durante su entrenamiento para sacar el máximo partido a las técnicas del libro.

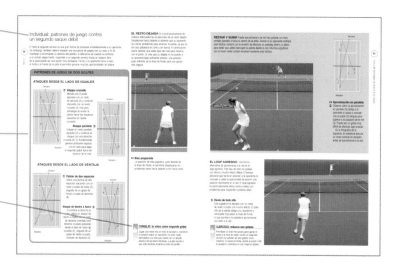

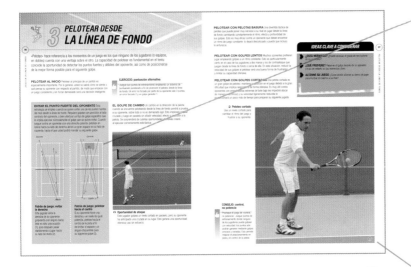

Diagramas de pista En cada caso, «jugador» significa «usted» y aparece en la parte inferior del diagrama, mientras que su «oponente» siempre se halla en la parte superior. En los capítulos Servicio y Resto, usted, el «jugador», se convierte en «servidor» o «restador».

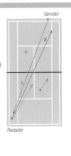

Icono del jugador El círculo en la esquina de algunas fotografías señala aquellas imágenes que presentan un consejo para usted –el jugador– en lugar de mostrar a su oponente.

LEYENDAS DE LOS DIAGRAMAS DE PISTA

A lo largo del libro, los diagramas de pista ilustran escenarios de juego típicos, secuencias de golpe y patrones de juego. Los símbolos empleados son los mismos durante todo el libro.

○ Posición inicial del jugador   ○ Posición inicial del oponente

X Pareja de dobles del jugador   X Pareja de dobles del oponente

⟶ Golpe del jugador   ⟶ Golpe del oponente

⇢ Movimiento del jugador   ⋯⟶ Movimiento del oponente

los números indican la secuencia de juego

▬ Área objetivo

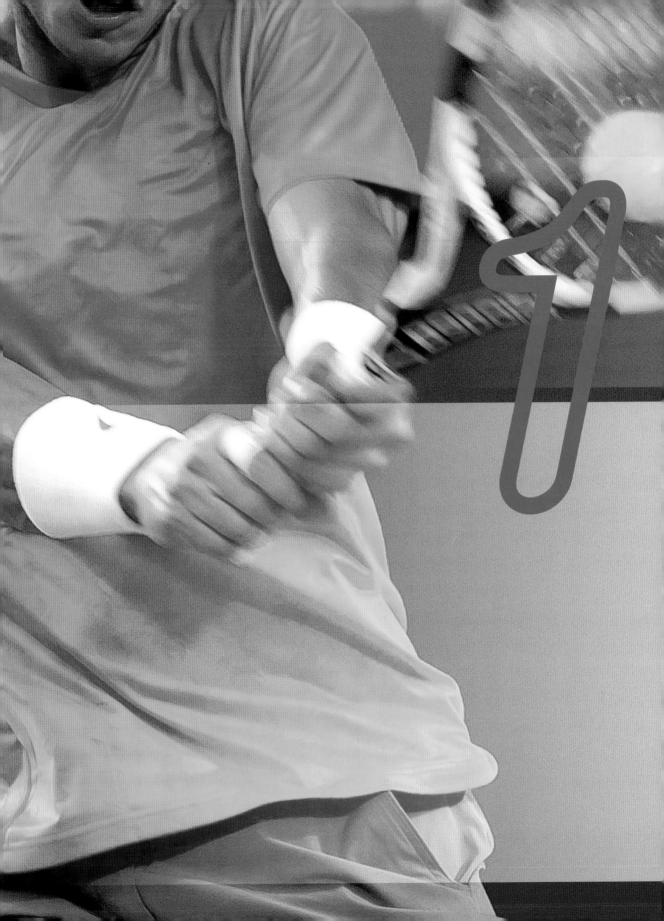

leer
el juego

La capacidad de «leer el juego» es una habilidad importante de la que se habla con frecuencia, pero sobre la que se estudia muy poco. Podría sorprenderle la facilidad con la que el hecho de prestar más atención a cada pelota que golpea y recibe puede convertirse en una verdadera arma e incrementar sus probabilidades de victoria. Este capítulo se centra en las habilidades que pueden ayudarle a ser un jugador más eficaz, además de aprender lo que significa «leer el juego».

1 ¿Qué significa realmente leer el juego?

El tenis se basa tanto en golpear la pelota como en recibirla. Esta sección le enseñará a prepararse de manera adecuada antes del golpeo, tanto física como mentalmente, lo cual requiere adquirir la mejor posición y condición de espera posibles antes de ejecutar cada golpe.

Véanse *páginas 12–13*

2 Anticipación y percepción

Predecir el tipo de golpe que su oponente va a ejecutar le concederá una enorme ventaja en cualquier intercambio. Esta sección analiza los diversos tipos de anticipación que puede emplear contra distintos tipos de oponentes, así como las formas de prepararse para su siguiente golpe, analizando de manera eficaz las características de la pelota golpeada por el adversario.

Véanse *páginas 14–17*

3 Decisiones inteligentes

Una vez empleadas con éxito sus habilidades de anticipación y percepción, llega el momento de decidir qué golpe realizar. Esta sección fundamental expone un sencillo método mediante el cual puede determinar exactamente qué tipo de golpe utilizar según la situación en que se encuentre.

Véanse *páginas 18–19*

¿QUÉ SIGNIFICA REALMENTE LEER EL JUEGO?

Un jugador capaz de leer el juego cuenta con una enorme ventaja respecto a su oponente. Leer el juego implica ser capaz de anticipar qué ocurrirá tras el siguiente golpe, el siguiente juego y a lo largo del partido, para poder reaccionar con eficiencia, determinación y, como resultado, tomar decisiones inteligentes.

Como jugador capaz de leer el juego, podrá entender el efecto que cada uno de sus golpes tiene sobre su oponente y cómo es más probable que reaccione, lo que le permitirá utilizar tácticas y estrategias específicas con resultados satisfactorios. También implica ser consciente de cómo se enfrentan los distintos estilos de juego, para sacar el máximo partido a sus puntos fuertes y evitar mostrar sus puntos débiles.

La capacidad de previsión ayuda con frecuencia a mantener las emociones bajo control gracias a una mayor conciencia de lo que puede ocurrir a continuación. Reducir el miedo a lo desconocido resulta de gran ayuda a la hora de aumentar la confianza y la concentración, con independencia de lo que diga el marcador.

Leer el juego también significa interpretar las emociones del oponente. Observar los sutiles cambios físicos y psicológicos que ocurren en éste a lo largo del partido incrementará su conciencia sobre lo que piensa y cómo se siente. La frustración, el miedo o el enfado se muestran de formas muy diferentes, y conocer exactamente cómo se siente su oponente condicionará de forma directa su decisión de atacar, defender o pelotear con él en su siguiente golpe.

En última instancia, leer bien el juego le sitúa un golpe por delante de su rival. Las siguientes páginas analizan cómo puede conseguirlo mediante la mejora de su capacidad de devolver los golpes, la cual requiere buenas aptitudes de anticipación, percepción y toma de decisiones.

IDEAS CLAVE A CONSIDERAR

▸ **CONOZCA SU PROPIO JUEGO** Intente comprender sus virtudes y puntos débiles a fin de elegir el mejor tipo de golpe para cada ocasión.

▸ **MÁS CONOCIMIENTO, MENOS MIEDO** Cuanto más pueda aprender sobre su oponente (antes y/o durante el partido), menos incertidumbre tendrá sobre el tipo de juego que va a desarrollar contra usted.

◖ **Buena capacidad de anticipación** Observar los movimientos de su oponente antes de que efectúe su golpe le concederá ventaja cada vez que juegue. Este jugador está anticipando lo que su oponente está a punto de hacer y se prepara para golpear la pelota.

Mejore su capacidad de recepción

En el tenis, a menudo se olvida que un jugador golpea la pelota sólo el 50 % del tiempo de juego; el otro 50 % del peloteo se dedica a esperar la pelota. De hecho, la gran mayoría de recursos para el aprendizaje del tenis se centra en ayudar a los jugadores a mejorar sus habilidades de golpeo de la pelota, olvidando la recepción.

TRABAJAR CON UN ENTRENADOR Los entrenadores se sienten cómodos dando instrucciones técnicas sobre cómo golpear la pelota debido a la naturaleza visual del proceso de golpeo. Las empuñaduras, las trayectorias de la raqueta y las posiciones pueden analizarse al detalle, y las mejoras resultan evidentes de inmediato. Sin embargo, mejorar la capacidad de recepción de un jugador es un proceso más delicado. Esto se debe a que gran parte del proceso de recepción de la pelota tiene lugar en la mente del jugador, lo que hace más difícil percibir el progreso. Como resultado, se tiende a pasar por alto esta parte crucial del entrenamiento.

POSICIÓN DE ESPERA Desde un punto de vista físico, una buena recepción de pelota empieza por una buena posición de espera. Esto implica mantener las rodillas flexionadas (intente evitar tensarlas en exceso) con los pies separados la anchura de los hombros, la cabeza agachada (aproximadamente un palmo por debajo de su altura normal), quieta y un poco adelantada respecto al resto del cuerpo.

Cuando su oponente esté a punto de golpear la pelota, usted efectuará un *split-step* o «saltito» en el momento adecuado. Se trata de un salto muy sutil que centra el peso del cuerpo, proporcionando un buen equilibrio e incrementando la capacidad de movimiento en cualquier dirección que pueda tomar el golpe del rival. El salto desplaza el centro de gravedad del cuerpo hacia arriba y posibilita un movimiento ágil y rápido. Por lo general, debería recuperar la posición de espera y efectuar un *split-step* o «saltito» cada vez que su oponente esté a punto de golpear la pelota, sin importar dónde se halle sobre la pista.

⋂ **Trabajar con un entrenador**
Pídale a su entrenador que le ayude a mejorar su capacidad de recepción, además de trabajar en sus golpes.

⋂ **Una buena posición de espera**
Intente crear una estructura física equilibrada desde la que desplazarse.

ESTADO DE ESPERA Su estado mental es tan importante como su posición física: concéntrese en su oponente antes de que golpee la pelota (anticipación, *véanse* páginas 14-15) y siga su trayectoria tan pronto como salga de las cuerdas de su raqueta (percepción, *véanse* páginas 16-17). Centrar su mente en estos dos aspectos le permitirá realizar la mejor selección de golpe en cada ocasión (decisiones inteligentes, *véanse* páginas 18-19).

⊃ **Un buen estado de espera**
Mantenga siempre la concentración a la hora de golpear la pelota.

ANTICIPACIÓN Y
PERCEPCIÓN

Durante la fracción de segundo entre dos golpes, utilice su capacidad de anticipación, tanto táctica como técnica, como arma mental para predecir el siguiente golpe de su oponente. A continuación, puede utilizar su capacidad de percepción para seguir el golpe que su rival finalmente ejecute. Un uso eficaz de estas dos aptitudes le concederá más tiempo para prepararse y ejecutar su siguiente golpe.

Anticipación táctica

Su anticipación táctica se basa en la posición en pista de su oponente, su golpe anterior (si es que hubo uno) y los patrones de juego anteriores de su oponente.

SIGA LA POSICIÓN EN PISTA DE SU OPONENTE La posición sobre la pista de su rival es un importante indicador de cuáles son sus intenciones para su siguiente golpe. Por ejemplo, si se halla delante de la línea de fondo, es muy probable que pretenda atacarle desde allí. Si, en cambio, se encuentra detrás de la línea de fondo, tendrá muchas menos posibilidades de atacar, aunque quiera hacerlo.

¿CUÁL SERÁ EL PRÓXIMO GOLPE? Conforme vaya adquiriendo experiencia irá desarrollando una mayor conciencia sobre qué esperar de su oponente en función de su último golpe. Por ejemplo, si usted efectúa un golpe en corto por error, empezará automáticamente a anticipar un golpe más agresivo por parte de su adversario. Si, por otro lado, usted ha sido el atacante, predecirá un golpe más débil de su oponente.

RECORDAR PATRONES DE JUEGO ANTERIORES Los jugadores de tenis experimentados emplean los patrones de juego anteriores de su oponente (tanto del partido en curso como de los anteriores) para anticipar su próximo golpe. Por ejemplo, si un oponente sólo ha golpeado *passing-shots* cruzados cuando usted ha subido a la red, se asegurará de tener cubierta la trayectoria de este golpe en su siguiente aproximación.

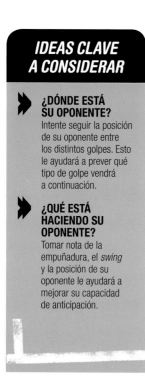

IDEAS CLAVE A CONSIDERAR

▶ **¿DÓNDE ESTÁ SU OPONENTE?**
Intente seguir la posición de su oponente entre los distintos golpes. Esto le ayudará a prever qué tipo de golpe vendrá a continuación.

▶ **¿QUÉ ESTÁ HACIENDO SU OPONENTE?**
Tomar nota de la empuñadura, el *swing* y la posición de su oponente le ayudará a mejorar su capacidad de anticipación.

QUÉ OBSERVAR

◗ **Oponente bajo presión**
La cara abierta de la raqueta del rival indica que se halla bajo una fuerte presión en la línea de fondo.

◗ **Oponente preparando un ataque**
Si su oponente da un paso adelante en la pista, a menudo estará preparándose para atacar con su siguiente golpe.

Anticipación

La anticipación técnica ocurre en el momento anterior a la ejecución del golpe de su oponente, y pretende detectar la técnica que se dispone a utilizar. A medida que desarrolle su capacidad de recepción empezará a anticipar los golpes de su oponente con sólo observar su forma de agarrar la raqueta, su *swing* o la posición que esté utilizando.

IDENTIFIQUE LA EMPUÑADURA La empuñadura que su oponente utilice tendrá un importante efecto sobre los distintos tipos de golpe que pueda ejecutar. Por ejemplo, un oponente que use una empuñadura de derecha para el saque tendrá problemas a la hora de aplicar suficiente efecto a su segundo servicio. Esto implica que deberá reducir mucho la velocidad del golpe para asegurarse de que entra en el cuadro. Como resultado, puede anticiparse un segundo servicio de baja velocidad.

ANALICE EL *SWING* El *swing* con el que su oponente se prepare también le aportará muchas pistas sobre qué esperar a continuación. Por ejemplo, un oponente que emplee un gran *swing* de derecha hacia atrás estará buscando por encima de todo un golpe potente. Si lo observa a tiempo, podrá anticipar un golpe agresivo dirigiéndose hacia usted.

OBSERVE LA POSICIÓN Aunque tal vez sea más difícil de apreciar, la posición de su oponente (la forma en que están colocados sus pies) también le aportará información clave sobre el tipo de golpe que su rival se propone efectuar. Por ejemplo, si usa una posición cerrada para su derecha (su pie delantero se halla alineado con el trasero), es muy improbable que pueda efectuar un golpe cruzado. Esto se debe a que en dicha posición sus caderas no podrían girar lo suficiente como para golpear la pelota con el ángulo adecuado.

Todos estos puntos se analizarán con más detalle en capítulos posteriores.

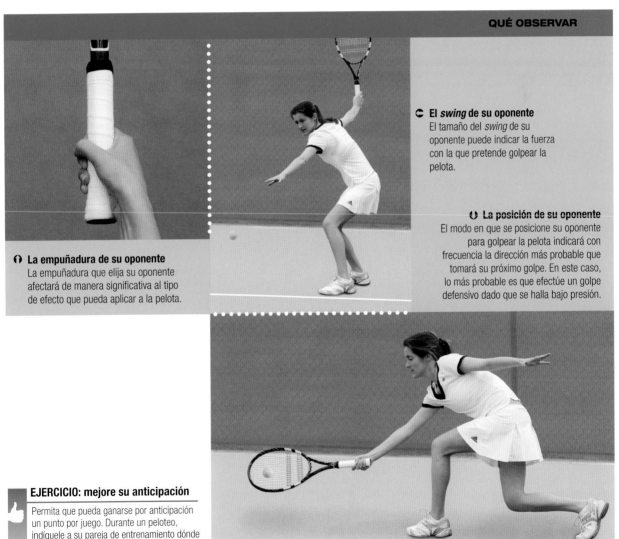

QUÉ OBSERVAR

↺ El *swing* de su oponente
El tamaño del *swing* de su oponente puede indicar la fuerza con la que pretende golpear la pelota.

↻ La posición de su oponente
El modo en que se posicione su oponente para golpear la pelota indicará con frecuencia la dirección más probable que tomará su próximo golpe. En este caso, lo más probable es que efectúe un golpe defensivo dado que se halla bajo presión.

◑ La empuñadura de su oponente
La empuñadura que elija su oponente afectará de manera significativa al tipo de efecto que pueda aplicar a la pelota.

EJERCICIO: mejore su anticipación

Permita que pueda ganarse por anticipación un punto por juego. Durante un peloteo, indíquele a su pareja de entrenamiento dónde cree que realizará su próximo golpe. Si acierta, usted gana el punto. Hágalo gritando «alto» antes de que su compañero golpee la pelota, y dígale lo que cree que se disponía a hacer. Es un ejercicio muy útil.

Perfeccione su percepción

Debe ser capaz de percibir las características de la pelota entrante desde el momento en que abandona las cuerdas de la raqueta rival. A menudo, los jugadores menos experimentados no empiezan a reconocer las características de la pelota hasta que ésta ha superado la red y está a punto de botar frente a ellos; para entonces ya es demasiado tarde, responden bajo presión y su capacidad de decisión y de golpeo se ven afectadas negativamente.

Recuerde que hay dos trayectorias de pelota que deben seguirse cuando usted se halla sobre la línea de fondo: una desde la raqueta de su oponente hasta el bote y otra desde el bote hasta su raqueta. Ambos recorridos le proporcionarán pistas fundamentales sobre cómo prepararse para su siguiente golpe. Para comprender del todo cómo leer la pelota, empiece por analizar las cinco características posibles de la misma en el tenis.

ALTURA Es una de las primeras características de la pelota que advertirá después de que su oponente la golpee, y debería darle una buena pista sobre si puede atacar con su siguiente golpe o si debería defenderse contra la pelota entrante. Use la red como punto de referencia para juzgar cada vez la altura de la pelota.

DIRECCIÓN La trayectoria de la pelota le indicará si debería prepararse para ejecutar una derecha o un revés (ya sea como golpe de fondo o como volea, según su posición en pista). Detectar la dirección de la pelota tan rápido como le sea posible le permitirá prepararse de manera más eficaz.

PROFUNDIDAD Puede resultar difícil determinar cuánta distancia recorrerá la pelota entrante antes de botar, y acostumbra a ser la característica que se advierte en el último momento del vuelo de la pelota. La capacidad de desplazarse hacia atrás (contra un golpe profundo) o hacia delante (contra un golpe corto) es a menudo el ingrediente clave para una buena preparación del siguiente golpe.

VELOCIDAD La velocidad con que se desplaza la pelota determina el tiempo de que dispone para preparar su siguiente golpe. El punto clave que debe recordarse es que su preparación debería reflejar la velocidad de la pelota entrante. Por ejemplo, use un revés rápido y de corto recorrido en su resto, ante un primer servicio potente, o un revés más lento y de más largo recorrido contra un golpe de fondo más alto y lento.

EFECTO Los jugadores más experimentados golpean la pelota con distintos tipos de efectos (particularmente en los golpes de fondo y los servicios), que dan lugar en cada caso a un movimiento distinto de la pelota. Una pelota que proviene de un golpe con efecto *liftado* botará en la pista a más altura de la normal, mientras que otra con efecto cortado botará baja y tenderá a deslizarse sobre la pista. Puede intentar anticipar el tipo de efecto que se aproxima en función de la técnica empleada por su oponente para golpear la pelota (anticipación técnica, *véase* página 15).

◑ ¿En qué dirección?
Leer la dirección de la pelota le ayudará a preparar una derecha o un revés. Esta oponente está mandando una pelota cruzada al lado de revés de un jugador diestro.

◑ ¿Hasta qué distancia?
La profundidad puede ser difícil de interpretar; deberá estudiar la trayectoria de la pelota tan pronto como su oponente la golpee, para ver hasta dónde puede llegar antes de botar. Este oponente no ha estado atento.

◑ ¿A qué velocidad?
Incrementar la velocidad de la pelota reducirá el tiempo de preparación de su oponente. Efectuar un remate es una de las mejores formas de golpear con velocidad.

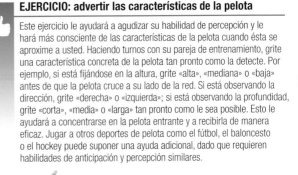

EJERCICIO: advertir las características de la pelota

Este ejercicio le ayudará a agudizar su habilidad de percepción y le hará más consciente de las características de la pelota cuando ésta se aproxime a usted. Haciendo turnos con su pareja de entrenamiento, grite una característica concreta de la pelota tan pronto como la detecte. Por ejemplo, si está fijándose en la altura, grite «alta», «mediana» o «baja» antes de que la pelota cruce a su lado de la red. Si está observando la dirección, grite «derecha» o «izquierda»; si está observando la profundidad, grite «corta», «media» o «larga» tan pronto como le sea posible. Esto le ayudará a concentrarse en la pelota entrante y a recibirla de manera eficaz. Jugar a otros deportes de pelota como el fútbol, el baloncesto o el hockey puede suponer una ayuda adicional, dado que requieren habilidades de anticipación y percepción similares.

17

ANTICIPACIÓN Y RECEPCIÓN

∩ ¿A qué altura?
La altura de la pelota será seguramente la primera característica que advierta tras el golpe de su oponente. Cuando observe una pelota con una trayectoria elevada, tendrá opción de dirigirse hacia la red para volearla antes del bote.

∩ ¿Qué tipo de efecto?
Observe detenidamente la posición de la raqueta de su oponente para intentar descubrir qué tipo de efecto aplicará a la pelota.

3 DECISIONES
INTELIGENTES

La combinación de unas buenas aptitudes de anticipación y percepción le permitirá tomar decisiones inteligentes cada vez que golpee la pelota. Se trata de una capacidad crucial que distingue a los mejores de los demás. Mantener una conversación táctica en su mente le permitirá mantenerse relajado, concentrado y así poner toda su atención en cada punto. Además, le ayudará a evitar que tomen el control emociones como los nervios, la frustración o la ansiedad.

⌒ El jugador sigue el golpe del oponente
El golpe anterior de su oponente influirá notablemente hacia dónde y cómo golpee usted la pelota.

⌒ El jugador devuelve el golpe del oponente
Su posición sobre la pista dependerá en gran medida del golpe que acabe de efectuar.

EJERCICIO: repetición de la jugada

Procure tener una pelota de repuesto en el bolsillo durante los puntos de entrenamiento, ya que le ayudará en la toma de decisiones: si comete un error, saque la pelota de reserva y vuelva al punto de la pista donde ha cometido el error. Ahora le toca decidir: ¿fue una mala decisión la que provocó el error, o sólo un mal golpe? En el primer caso, vuelva a iniciar el punto eligiendo otro tipo de golpe; si la causa del error fue un mal golpe pero la decisión fue buena, reinicie el punto jugando de nuevo el mismo tipo de golpe.

ESTABLECER UNA REGLA La decisión que tome respecto a cómo y hacia dónde ejecutará su próximo golpe estará basada en cuatro factores clave: su golpe anterior (si es que existió uno), el golpe anterior de su oponente, su posición en la pista y la posición de su oponente en la pista. Cada jugador desarrollará su propia serie de reglas en torno a estos cuatro factores, que influirán en el tipo de decisiones que tome.

Crear una regla táctica le permitirá empezar a jugar con más seguridad y confianza, así como a definir patrones de juego basados en sus puntos fuertes y débiles conforme vaya adquiriendo experiencia.

Por ejemplo: un jugador puede crear la regla de «defender con un golpe cruzado, al fondo y con efecto cortado cuando me halle bajo presión en mi lado de revés sobre la línea de fondo». Esta regla le permitirá concentrarse en su técnica de golpeo cuando se encuentre en esa situación en un peloteo, dado que ya habrá tomado de antemano la decisión sobre cómo actuar al respecto. Tras efectuar su golpe podrá comprobar hasta qué punto ha sido efectivo y decidir si emplear de nuevo la misma táctica o cambiarla la próxima vez que esté en la misma posición. Así, la utilidad de la regla se evalúa de forma constante y va perfeccionándose conforme adquiere experiencia el jugador.

Posición del jugador en la pista: preparar el ataque
Si piensa que su último golpe ha sido efectivo, tal vez le interese adoptar una posición más agresiva sobre la pista.

QUÉ OBSERVAR

...Y UNA EXCEPCIÓN A medida que una regla táctica va estableciéndose y se usa más a menudo, también aparecen excepciones que cambian la decisión del jugador. En el ejemplo anterior, si el jugador observa que su oponente se aproxima a la red, puede cambiar su decisión y optar por un golpe *liftado* hacia el centro de la pista en lugar de su elección inicial. Así, se aplica la misma regla, pero al mismo tiempo se ha creado una «cláusula de excepción». Los jugadores experimentados crean su propia serie de reglas y excepciones que les permiten tomar buenas decisiones en función de su estilo de juego específico. Si usted hace lo mismo, hallará una solución potencial para prácticamente cualquier situación de juego que pueda encontrarse.

Posición del oponente en la pista: a la defensiva
Leer la posición de su oponente en la pista le permitirá prepararse adecuadamente para su siguiente golpe. Este oponente tiene dificultades para responder a una pelota con ángulo de bote bajo.

servicio

El servicio –o saque– es el único golpe en que usted tiene todo el control sobre el juego. Como servidor, tendrá la oportunidad de pensar detenidamente cómo y hacia dónde quiere golpear la pelota, lo que le concederá una ventaja inmediata sobre su oponente. Es crucial que obtenga el máximo partido de estos momentos de reflexión. Este capítulo se centra en los tres puntos clave para un buen servicio.

1 Objetivo del servicio

Observar con atención dónde y cómo está situado su oponente sobre la pista a fin de determinar el tipo tanto de servicio que está esperando como de golpe con el que es más probable que responda. Los factores clave a analizar son la posición en la pista, la empuñadura y la postura de su oponente.

Véanse *páginas 22–31*

2 La variedad como arma

Los servicios más efectivos no son siempre aquellos que se golpean con más fuerza. A menudo pueden ganarse juegos de saque con sólo confundir al rival confundido. Esta sección analiza las consecuencias de modificar la dirección, la velocidad y el efecto de su servicio.

Véanse *páginas 32–33*

3 Patrones de servicio

Intente ver su servicio como el primero de una sucesión ganadora de golpes en lugar de tan sólo como una forma de iniciar el siguiente punto. Esta sección se centra en cómo puede combinar su saque con otros golpes para crear patrones de juego ganadores.

Véanse *páginas 34–45*

OBJETIVO DEL
SERVICIO

Con frecuencia, los jugadores se acercan a la línea y sacan sin pensar demasiado en su oponente. Fijarse un poco más en la posición en la pista, la empuñadura y la postura de su adversario le proporcionará claves fundamentales sobre el tipo de servicio que más le conviene efectuar.

Posición en la pista: encuentre el ángulo

La posición de resto de su oponente puede informarle acerca del tipo de servicio al que éste preferiría responder. Tal vez proteja un evidente punto débil adoptando una posición que incremente sus probabilidades de ejecutar su golpe favorito. Sin embargo, al hacerlo estará creando un espacio adicional donde usted puede mandar la pelota.

Sacar con ángulo también es una buena táctica cuando su oponente está muy atrás esperando la pelota. Puede resultar especialmente efectivo un servicio cruzado con ángulo desde cualquiera de los dos lados de la pista. La amplitud del servicio obligará al rival a golpear la pelota desde una posición muy forzada una vez la alcance.

IDEAS CLAVE A CONSIDERAR

 ¿HACIA DÓNDE SACAR? Busque cualquier espacio evidente sobre la pista que su oponente haya creado sin darse cuenta.

 ¿CÓMO SACAR? ¿Qué tipo de servicio sorprenderá más a su oponente?

EL SERVICIO COMO ARMA ¿Qué tipo de servicio le concederá la mayor ventaja inicial en el peloteo?

QUÉ OBSERVAR

Proteger el revés desde el lado de iguales
Este oponente está protegiendo su golpe de revés, más débil, situándose hacia el centro de la pista. Aunque le concede una mayor probabilidad de efectuar una derecha, genera al mismo tiempo un gran espacio hacia el lateral de la pista, hacia donde usted puede dirigir su servicio.

Proteger el revés desde el lado de ventaja
Este oponente está protegiendo su revés desde el lado de ventaja. Observe el gran espacio creado en el centro de la pista hacia el que dirigir el servicio.

⚲ Al fondo y con ángulo
La posición retrasada y hacia un lado de este jugador implica que deberá cubrir mucho espacio en poco tiempo para alcanzar su siguiente golpe si éste bota en el lado opuesto de la pista. (Para más información, *véanse* páginas 34-45.)

Posición en la pista: observar el espacio

Hay ocasiones en que sacar con ángulo puede ser perjudicial. Esto se aplica sobre todo a servicios débiles (a menudo segundos servicios), dado que concede al oponente la oportunidad de ejecutar un golpe agresivo con ángulo que terminará por ponerle a usted bajo presión. En esta situación debería sacar más hacia el centro de la pista a fin de reducir el ángulo de respuesta de su oponente.

CONSEJO: cuándo servir con ángulo

Una regla muy útil consiste en utilizar el saque con ángulo sólo en aquellos casos en que éste sea capaz de dominar al oponente. Si es probable que el servicio resulte débil, reducir el espacio disponible puede ser una opción mucho más recomendable.

⮏ Segundo servicio débil con ángulo

Un segundo servicio débil golpeado con ángulo desde la pista de iguales (1) genera un espacio natural para ejecutar un resto agresivo. El oponente al resto tiene la posibilidad de responder con fuerza en dirección cruzada o en paralelo (2); ambas opciones tienen mucho potencial para crear problemas al servidor.

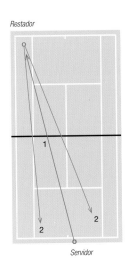

Restador

Servidor

⮏ Segundo servicio débil hacia el centro

Este diagrama muestra el mismo servicio débil golpeado ahora hacia el centro de la pista desde el lado de iguales (1). Observe cómo el saque centrado reduce el espacio disponible para ejecutar un resto agresivo, ya que el oponente golpea desde una posición más centrada (2).

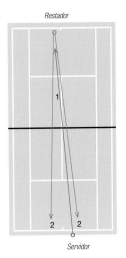

Restador

Servidor

Posición en la pista: cerrar el espacio

Habrá momentos en que sacar al cuerpo del oponente será una opción, si bien su servicio deberá ser lo bastante potente como para impedirle crear un espacio para el resto. Este tipo de estrategia suele funcionar al jugar contra jugadores altos acostumbrados a golpear la pelota lejos de su cuerpo, o contra aquellos que se sitúan delante de la línea de fondo para responder al servicio. También puede resultar muy efectivo contra oponentes que responden con un revés a una mano. Este tipo de jugador prefiere golpear la pelota más de frente y alejada de su cuerpo que el que usa un revés a dos manos, que puede permitirse contactar con la pelota más cerca de su cuerpo.

POSICIONAR LA PELOTA   **QUÉ OBSERVAR**

ᗡ **Cerca del cuerpo**
La pelota se encuentra cerca del cuerpo, impidiendo que el oponente ejecute un golpe completo. Esto suele dar lugar a un resto más corto y defensivo.

ᗡ **Demasiado espacio**
El espacio entre la pelota y el cuerpo del oponente en esta situación le permiten efectuar su *swing* con total libertad para golpear la pelota.

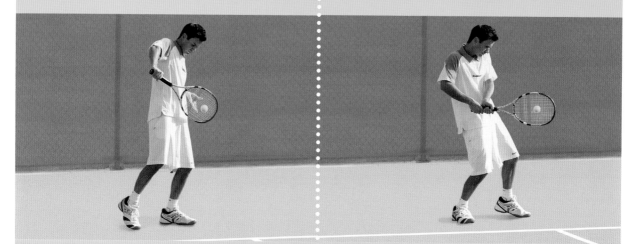

ᗡ **Resto de revés a una mano**
La pelota se golpea cerca del cuerpo, lo cual suele dar lugar a un impacto retardado, en vez de golpear delante del cuerpo. Este tipo de resto acostumbra a mandar la pelota paralela desde el lado de la ventaja, y lenta e invertida desde el lado de iguales. Un jugador experimentado tal vez opte por acortar su *swing*.

ᗡ **Resto de revés a dos manos**
Dado que el *swing* para el revés a dos manos es más corto, este oponente puede permitirse golpear la pelota más cerca de su cuerpo sin comprometer su golpe, generando a la vez más potencia y control. Ésta es una de las principales razones por las que el revés a dos manos se ha convertido en un arma tan utilizada en el tenis actual.

La empuñadura del oponente: al resto

La empuñadura que su adversario utilice para responder a su saque tendrá un gran impacto sobre el tipo de golpe que acabe efectuando. Además, le dará una pista sobre la clase de resto que quiere golpear. El cuadro inferior analiza los distintos tipos de empuñadura que su rival puede emplear para responder al servicio; la hilera superior muestra al oponente desde el punto de vista del jugador.

Para más consejos sobre cómo sacar partido a la empuñadura del oponente, *véanse* páginas 28-29 (servir contra una empuñadura a dos manos); páginas 70-73 (atacar desde la línea de fondo); y páginas 80-81 (defender desde la línea de fondo).

LA EMPUÑADURA DE RESTO DE SU OPONENTE — QUÉ OBSERVAR

⌒ Resto este de derecha
Este oponente tendrá problemas para generar potencia y efecto con esa empuñadura cuando la pelota bote a la altura de sus hombros.

⌒ Resto semi-oeste de derecha
Deberá comprobar la respuesta del oponente ante servicios bajos, con ángulo y altos para saber en qué posición está menos cómodo.

⌒ Resto oeste de derecha
Un oponente que utilice este resto tendrá dificultades para responder a pelotas con un ángulo de bote bajo.

⌒ Empuñadura este de derecha
Los jugadores que prefieren golpear de derecha acostumbran a utilizar esta empuñadura clásica para efectuar su resto. Esta empuñadura será eficaz contra pelotas bajas y laterales, así como contra pelotas cortas hacia las que pueda correr. Sin embargo, dará problemas a la hora de aplicar potencia y efecto a la pelota cuando ésta bote a la altura de los hombros.

⌒ Empuñadura semi-oeste de derecha
Muchos jugadores experimentados emplean esta versátil empuñadura. Puede adaptarse a distintos puntos de contacto y permite, además, golpear con efecto y velocidad. Esta empuñadura puede complicar la respuesta a golpes por encima de los hombros, aunque deberá probar también con golpes bajos y con ángulo a fin de descubrir cuál es la posición menos ventajosa para su oponente.

⌒ Empuñadura oeste de derecha
Versión extrema de la empuñadura semi-oeste, con el dorso de la mano situado bajo el mango de la raqueta. Los jugadores expertos la emplean en superficies de bote alto como la tierra batida, dada su eficacia contra pelotas altas, así como por su capacidad de generar un gran efecto sobre la pelota. Sin embargo, su oponente puede tener problemas para responder a golpes de bote bajo y con ángulo.

◠ Resto de revés 50:50
Servir cruzado con ángulo puede impedir que un oponente no alcance a tiempo la pelota.

◠ Resto este de revés
Un oponente puede tener dificultades para responder servicios de bote alto.

◠ Resto este fuerte de revés
Esta empuñadura dificulta el resto ante pelotas cortadas con ángulo.

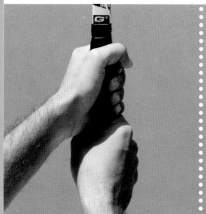  

◠ Empuñadura de revés a dos manos
La empuñadura de revés más común es la 50:50, donde la mano de abajo emplea una empuñadura continental y la de arriba una este de revés. La 50:50 permite absorber golpes potentes e impactar la pelota cerca del cuerpo. Puede resultar difícil predecir los golpes de un rival que use este tipo de empuñadura. Y puede ocasionarle problemas para responder a pelotas a la altura de los hombros; además, contará con menos alcance lateral que con una empuñadura de revés de una sola mano (*véanse* páginas 28-29.)

◠ Empuñadura este de revés
Ésta es la empuñadura de revés a una mano más tradicional. Es versátil y permite a su oponente responder de manera eficaz a pelotas bajas y laterales. Sin embargo, puede presentar problemas para generar potencia y efecto suficientes a la hora de golpear pelotas de bote alto.

◠ Empuñadura este fuerte de revés
Se trata de una versión más extrema de la empuñadura este de revés que ha surgido recientemente a fin de mejorar la respuesta ante pelotas altas y con efecto. Aunque es eficaz contra pelotas con mucho efecto que botan a una altura entre la cintura y los hombros, resulta más difícil alcanzar pelotas bajas y con ángulo.

La empuñadura del oponente: aprovechar la empuñadura de resto

Entender bien la empuñadura que usa su oponente para responder a su servicio es una auténtica ventaja. Un restador efectivo debe ser capaz de alternar entre empuñaduras de derecha y de revés de forma casi instantánea, dado que sólo cuenta con una fracción de segundo para advertir la dirección del servicio. Ciertas empuñaduras hacen imposible este cambio rápido, de modo que en estos casos servir al lado descubierto del oponente puede ser una táctica muy eficaz.

También es importante observar cómo usa su oponente la mano de arriba en el momento del resto. Ésta suele emplearse para ayudar a alternar entre empuñaduras de derecha y de revés. Tan pronto como su oponente detecte la dirección del servicio, su mano de arriba deberá inclinar la raqueta hacia la empuñadura adecuada. Si su oponente no utiliza la mano superior de este modo, su cambio de empuñadura resultará más lento.

QUÉ OBSERVAR

⌒ **Empuñadura semi-oeste de derecha**
Este oponente planea responder al saque mediante una derecha con empuñadura semi-oeste. Sus nudillos se sitúan bajo el mango y su mano debe cubrir una buena distancia en torno a éste para formar una empuñadura de revés. Servir con potencia será efectivo.

⌒ **Empuñadura este extrema de revés**
Este oponente sujeta la raqueta con una empuñadura este fuerte de revés antes de efectuar su resto. Su mano debe cubrir mucho espacio en torno al mango a fin de formar cualquier tipo de revés, de modo que servir a su lado de derecha puede suponer una gran ventaja.

⌒ **Empuñadura inclinada hacia la derecha**
En este caso, la mano de arriba ayuda a inclinar la raqueta hacia una empuñadura de derecha.

⌒ **Empuñadura inclinada hacia el revés**
Aquí, la mano de arriba ayuda a inclinar la raqueta hacia una empuñadura de revés.

CONSEJO: identifique las empuñaduras extremas

Fíjese en los jugadores que utilicen empuñaduras extremas para responder al servicio. Con frecuencia, éstas limitan la libertad de acción a la hora de efectuar el resto.

La empuñadura del oponente: servir contra una empuñadura a dos manos

Una de las empuñaduras más efectivas a la hora de devolver un servicio es la empuñadura a dos manos. La mano adicional proporciona más fuerza para contrarrestar la velocidad de la pelota entrante, lo que permite a su oponente absorber toda su potencia y responder con velocidad.

Además, la empuñadura a dos manos permite a su adversario golpear la pelota más cerca del cuerpo, lo que le concede una fracción de segundo más para determinar la dirección del servicio y prepararse en consecuencia. También puede ocultar el resto, haciendo ver que es golpeado con un *swing* más corto y seco, lo cual no aporta ninguna pista sobre su dirección.

Existen tres tipos principales de empuñaduras a dos manos, diferenciadas por la posición que adquiere la mano inferior en todas ellas.

Para más información sobre cómo sacar partido a la empuñadura de su oponente: *véase* página 27 (aprovechar la empuñadura de resto); páginas 70-73 (atacar desde la línea de fondo); y páginas 80-81 (defender desde la línea de fondo).

La derecha a dos manos

Aunque es bastante inusual encontrar un oponente que emplee la derecha a dos manos, puede aplicarse la mayoría de principios de servicio. Igual que en el revés a dos manos, la ventaja del resto de derecha a dos manos es que puede absorber la velocidad de un servicio entrante con gran eficacia. El principal problema de esta empuñadura es la pérdida de alcance que conlleva.

QUÉ OBSERVAR

Falta de alcance
Observe la diferencia de alcance entre una derecha a una mano y otra a dos manos. Como servidor, resulta crucial ser capaz de explotar esta falta de alcance sirviendo con ángulo al lado de derecha del oponente.

CONSEJO: estudie la mano inferior
Averigüe todo lo que pueda sobre la empuñadura a dos manos de su oponente. Aunque es difícil de apreciar desde el otro lado de la pista, la posición de la mano inferior con frecuencia indica el tipo de resto que puede efectuar.

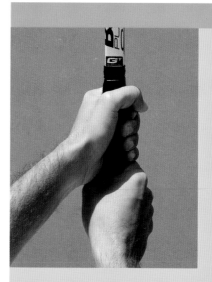

Empuñadura de revés 50:50
Es la empuñadura a dos manos más versátil que existe. La mano de abajo emplea una empuñadura continental, mientras que la de arriba usa una empuñadura este de revés. Se llama 50:50 porque ambas manos hacen el mismo esfuerzo al golpear la pelota.

Cuidado con un restador de revés 50:50
La versátil empuñadura de revés a dos manos 50:50 implica que su oponente tiene mayor capacidad de responder con comodidad a su servicio.

◯ Empuñadura de revés 25:75

➲ En la empuñadura 25:75, la mano de abajo sujeta la raqueta con una empuñadura este de derecha. Es típica de jugadores poco experimentados que se limitan a añadir su otra mano a su empuñadura de derecha para crear una de revés. Ésta limita al jugador, ya que dificulta la aceleración de la raqueta, la aplicación de efecto a la pelota y el juego contra golpes rápidos hacia los lados. Algunos jugadores experimentados utilizan la empuñadura 25:75 en su posición de resto, pero cambian a una 50:50 para efectuar el revés.

◯ Vigile los golpes con ángulo de un restador de revés 25:75

La mano de arriba es la dominante (hace el 75 % del esfuerzo). Esto implica que su oponente puede crear golpes con ángulo con facilidad.

◯ Empuñadura de revés 75:25

➲ En ella, la mano inferior sujeta la raqueta con una empuñadura de revés y la superior con una empuñadura de derecha. Así, la mano de abajo es la dominante (hace el 75 % del esfuerzo) y es capaz de imprimir mucho efecto sobre la pelota, aunque un golpe con ángulo puede ponerla en evidencia. En golpes forzados laterales, la mano de arriba suele desprenderse de la raqueta al final del golpe. Esto puede impedir que su oponente efectúe un resto cruzado.

◯ Sirva hacia el lateral contra un restador de revés 72:25

Su oponente tendrá problemas para responder a un saque con ángulo utilizando la empuñadura de revés 75:25.

La posición del oponente: al resto

Si analiza cuidadosamente la posición de resto de su oponente, con frecuencia podrá anticipar el tipo de golpe que se dispone a efectuar. El ángulo de su cuerpo puede revelar el resto que prepara, sin importar el tipo de servicio que se dirija hacia él.

QUÉ OBSERVAR

↻ Esperar un revés

El cuerpo de este oponente está inclinado hacia el lado de revés. Deberá modificar por completo su posición para poder golpear un resto de derecha, por lo que puede causarle problemas servir con precisión hacia el centro de la pista desde el lado de ventaja.

↪ Esperar una derecha

El cuerpo de este oponente está inclinado hacia el lado de derecha. Esta posición le facilita el resto de derecha: le bastará con girar ligeramente los hombros para estar correctamente preparado para el golpe. En cambio, deberá modificar mucho más su posición si quiere efectuar un golpe de revés. En este caso, podría ser efectivo un servicio centrado hacia el lado de revés desde el lado de iguales.

OPONENTE QUE OCULTA SU POSICIÓN

Este oponente está ocultando su posición: su empuñadura es neutra, lo que hace posible un cambio rápido si hace falta, y el ángulo de su cuerpo no proporciona ninguna pista sobre el tipo de golpe que prefiere realizar. Si, además, se halla en una posición centrada de la pista, será capaz de cubrir ambos lados con la misma facilidad.

La posición del oponente: en contacto con la pelota

Cuando usted sirva, su oponente pasará de la «posición de espera» a la «posición de golpeo», justo antes de contactar con la pelota, lo que le dará una nueva oportunidad de predecir el tipo de resto al que se enfrentará. Observe si su oponente se dispone a golpear sobre el pie delantero o el trasero. Esto puede indicar si es capaz de atacar (pie delantero) o si es más probable que defienda (pie trasero). Fíjese también en la posición de su pie delantero respecto a la pelota al golpear (es decir, si se halla en una posición cerrada o abierta) para obtener otra pista sobre la dirección del resto.

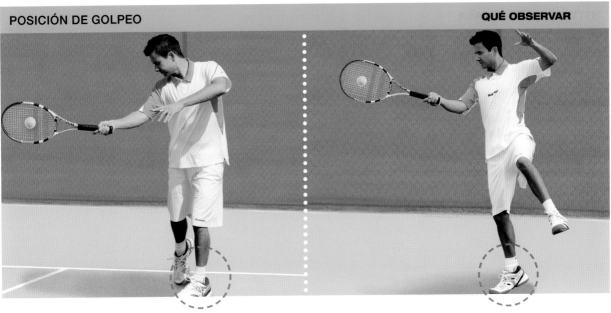

POSICIÓN DE GOLPEO

QUÉ OBSERVAR

◖ **Resto agresivo sobre el pie delantero**
Cuando su oponente golpea sobre el pie delantero, tiene que esperar un resto agresivo (es decir, más rápido, profundo o en ángulo).

◖ **Resto defensivo sobre el pie trasero**
Cuando su oponente golpea sobre el pie trasero, es probable que el resto sea defensivo (es decir, más lento, corto o impreciso).

POSICIÓN DE PIE DELANTERO

QUÉ OBSERVAR

◖ **Posición cerrada**
La posición del pie delantero al lado del cuerpo (posición «cerrada») evita que su oponente golpee la pelota a suficiente distancia de su cuerpo como para efectuar un golpe cruzado satisfactorio.

◖ **Posición abierta**
Una posición «abierta» (con el pie delantero situado a la altura del trasero) permite que las caderas giren con mayor facilidad y aumenta las probabilidades de un resto cruzado (aunque debe estar alerta ante todas las posibilidades).

LA VARIEDAD COMO ARMA

Los mejores servidores no son necesariamente aquellos que sirven con mayor potencia, sino los que confunden al oponente sobre cómo y hacia dónde servirán a continuación.

Jugar contra el punto fuerte del oponente

Aprovechar su mejor servicio contra el punto débil de su oponente es obviamente una gran táctica, pero en ocasiones tendrá que realizar su servicio más débil contra el resto favorito de su rival. La pregunta es: ¿cuándo?

Los jugadores experimentados suelen servir contra el punto fuerte de su oponente en los momentos menos cruciales del partido (por ejemplo, ganando 40-0). De este modo, se reservan el mejor golpe para los instantes clave del encuentro (perdiendo 30-40, por ejemplo).

VARIAR LA DIRECCIÓN Incluso el servicio más potente puede responderse si el rival sabe de antemano hacia dónde se dirige. Por eso, resulta vital la capacidad de variar la dirección del servicio.

VARIAR EL EFECTO Cambiar la trayectoria aérea de la pelota y el bote en la pista es otra forma de confundir al oponente. Los jugadores más experimentados acostumbran a emplear una combinación de efecto *liftado* (que hace botar la pelota más alta de lo normal) y cortado (donde la pelota bota más baja de lo habitual). Esta mezcla de efectos permite crear trayectorias de pelota que al oponente le resulta difícil seguir.

VARIAR LA VELOCIDAD Si su saque no está generando suficientes oportunidades ganadoras, tal vez sea el momento de aumentar la velocidad. Esto puede traducirse en más errores de servicio, pero aun así puede ayudar a mejorar el número total de juegos de servicio ganados. Evitar que su oponente le domine y gane la batalla psicológica será un avance significativo. Desde la perspectiva del rival, golpear un resto ganador resulta mucho más gratificante que ganar el punto porque usted ha fallado el servicio.

◑ Varíe la dirección
El ángulo de la cara de la raqueta que entra en contacto con la pelota determinará, en última instancia, la dirección de su servicio.

◑ Varíe el efecto
Lanzar la pelota ligeramente hacia la izquierda (para un diestro) le dará la oportunidad de servir con más efecto *liftado*.

Ocultar el servicio

Procure no revelar la dirección en la que pretende sacar. Mantenga su rutina previa al servicio tan constante como sea posible. Esto implica posicionarse en el mismo sitio y mantener la misma apariencia en la ejecución de su servicio, con independencia de lo que pretenda hacer con la pelota.

Algunos jugadores proporcionan pistas sobre sus intenciones al cambiar inconscientemente su forma de prepararse para el servicio. Por ejemplo, un jugador que bota la pelota más veces de lo habitual puede estar pensando en golpearla con más fuerza de lo normal. Incluso puede que dirija una mirada al punto de la pista hacia donde va a servir. ¡Grave error! Intente evitarlo para no proporcionar pistas a su oponente.

◑ Adopte una postura de servicio neutra

Utilizar una postura neutra al efectuar el saque garantiza que su oponente no pueda predecir si el servicio irá dirigido al centro de la pista, con ángulo o sobre su cuerpo.

◑ Oculte su servicio

Lanzar la pelota directamente sobre la cabeza al servir impide que su oponente detecte con antelación la dirección, velocidad o efecto que se dispone a imprimir a la pelota. Este elemento de disimulo en el saque es crucial: mantiene su capacidad de emplear la variedad como arma. (Para más información sobre cómo leer el lanzamiento de pelota de su oponente, *véanse* páginas 52-53.)

PRACTIQUE SU DISIMULO

Descubra hasta qué punto es capaz de ocultar su servicio pidiendo a su compañero o entrenador que intente predecir el tipo de servicio que se dispone a efectuar justo después del lanzamiento al aire de la pelota (pero antes de haberla golpeado). Si el observador no puede verle bien desde el otro lado de la pista, pídale que se sitúe detrás de usted para que juzgue desde más cerca.

PATRONES DE
SERVICIO

El servicio debe entenderse como el primer golpe de una secuencia destinada a crear una presión creciente sobre su oponente, y no sólo como una forma de iniciar el punto. Para lograrlo, deberá combinar sus capacidades como servidor con sus golpes más efectivos desde la línea de fondo y la red tan a menudo como sea posible. Esto es tan aplicable al juego individual como a dobles.

Individual: servicio con ángulo desde el lado de iguales

Uno de los patrones de saque más comunes en el juego individual es el servicio con ángulo desde el lado de iguales, seguido por un segundo golpe cruzado hacia el espacio que el oponente ha generado al efectuar el resto.

El jugador sirve con ángulo
El servidor puede continuar un servicio con ángulo de tres formas distintas: cruzada, a contrapié y paralela (*véase* página siguiente).

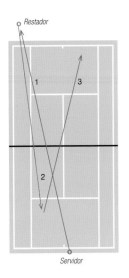

↻ Con ángulo y cruzada

➲ El servicio con ángulo (1) arrastra al oponente hacia el exterior de la pista, generando un gran espacio hacia el cual el servidor puede mandar un golpe cruzado. En este ejemplo, el servidor ha elegido un golpe de fondo de pista como segundo golpe (3). Sin embargo, con un saque lo bastante bueno, este segundo golpe podría haber sido una volea. Este patrón se puede ejecutar con independencia del resto del oponente.

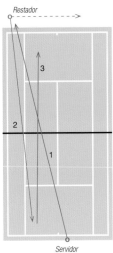

↻ Con ángulo y a contrapié

➲ En este caso, el oponente ha anticipado el segundo golpe del servidor tan deprisa que sin quererlo ha creado un gran espacio en paralelo. Así, si usted ve a su oponente correr demasiado deprisa para cubrir su segundo golpe, utilice la técnica de golpear la pelota a contrapié (3).

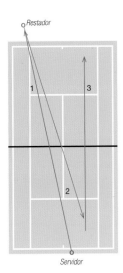

↻ Con ángulo y paralela

Aquí, el oponente ha restado en cruzado (2), lo que hace que el servidor responda en paralelo (3) en busca del hueco, en lugar de en cruzado. Se trata de un segundo golpe más arriesgado al contar con un margen de error algo menor (el golpe en paralelo pasa sobre la parte más alta de la red y entra en un área de pista más reducida). Sin embargo, es factible siempre que el servidor tenga un buen control de su golpe.

IDEAS CLAVE A CONSIDERAR

➤ **BUSQUE LA COMODIDAD** Piense en el tipo de saque que le permitirá utilizar su golpe preferido desde la línea de fondo o la red.

➤ **COMBINE SUS FUERZAS** En dobles, intente emplear un servicio que al mismo tiempo saque partido de las capacidades de su compañero y de las suyas.

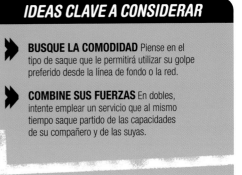

Individual: servir hacia el centro desde el lado de iguales

Puede emplear el servicio hacia el centro a fin de crear oportunidades para patrones de juego que resulten tan efectivos como los que surgen de un servicio con ángulo desde el lado de iguales. La clave es recordar que el servicio centrado no fuerza al oponente a salir de la pista, de modo que se generan menos huecos de forma natural. A menudo, su oponente responderá a un saque hacia el centro con un golpe igualmente centrado, de modo que para aplicar un ángulo a su segundo golpe usted deberá posicionarse con rapidez junto a la pelota.

Jugador que sirve hacia el centro
Tras sacar hacia el centro de la pista desde el lado de iguales, el servidor tiene dos opciones para realizar su segundo golpe: en cruzado o en paralelo (*véase* página siguiente).

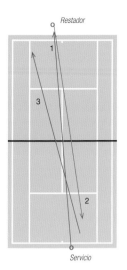

Restador

Servicio

➲ **Centro y en cruzado**

↻ Cuando el resto del oponente regresa al lado de derecha del servidor (2), éste puede efectuar una cruzada como segundo golpe (3) para mantener a su oponente bajo presión.

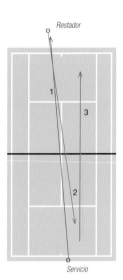

Restador

Servicio

➲ **Centro y en paralelo**

↻ El mismo servicio (1) se combina con una fuerte derecha paralela en lugar de una cruzada (3).

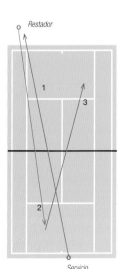

Restador

Servicio

↻ **En el lado de revés**

La secuencia de golpes (*superior*) puede repetirse en el lado de revés si el resto se dirige al lado de revés del servidor en lugar de al de derecha. Recuerde que la pelota centrada que recibe el oponente (2) requiere que el servidor se posicione adecuadamente a la espera del resto. Esta capacidad de crear distancia en torno a la pelota es tan importante como la de correr para alcanzarla.

CONSEJO: anticipe la dirección del resto

Efectuar un resto cruzado ante un buen saque es mucho más complicado para su oponente, porque necesita entrar en contacto con la pelota más delante del cuerpo. Por ello, cuando sepa que ha efectuado un buen servicio, empiece a anticipar la dirección del resto, a fin de poder situar a su oponente bajo una presión todavía mayor.

Individual: servicio abierto desde el lado de ventaja

También es posible utilizar un servicio abierto a fin de crear espacio para su segundo golpe desde el lado de ventaja. Este patrón de juego puede resultar muy eficaz en el caso de servidores zurdos (empleando un saque cortado que bote bajo y hacia el exterior), así como con diestros capaces de imprimir un efecto *liftado* sobre la pelota que la haga botar alta y fuera de la pista. Algunos jugadores diestros tendrán dificultades para crear el ángulo que requiere este golpe, pero es un arma muy útil ante un oponente diestro con un resto de revés débil.

CONSEJO: opte por volear

Todos estos patrones de servicio ganadores pueden respaldarse con una volea en lugar de un golpe de fondo de pista, siempre que el servidor así lo desee.

Jugador que sirve en lateral
Tras sacar en abierto desde el lado de ventaja, el servidor tiene tres opciones para su segundo golpe: cruzado, paralelo o a contrapié de su oponente (*véase* página siguiente).

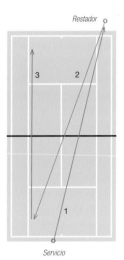

Restador

Servicio

➲ **Servicio abierto y derecha**
↻ **agresiva cruzada**

Un saque al lado expulsa al oponente de la pista (1), lo que genera un amplio espacio que el servidor puede aprovechar con su segundo golpe. El servidor se desplaza hacia delante para efectuar una derecha agresiva cruzada (3).

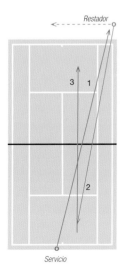

Restador

Servicio

➲ **Servicio abierto y paralela**
↻ Cuando el resto del oponente va cruzado (2), el servidor puede golpear un segundo golpe paralelo en lugar de cruzado (3).

Restador

Servicio

➲ **Servicio abierto y a contrapié**
↻ Aquí, el oponente anticipa el segundo golpe del servidor empezando a desplazarse justo después de efectuar su resto (2). Esto genera un gran espacio en paralelo a contrapié del restador, hacia el cual el servidor puede mandar la pelota cómodamente (3).

Individual: servicio al centro desde el lado de ventaja

Aunque se trata de una de las elecciones más frecuentes entre los jugadores diestros, recuerde que el ángulo disponible para el segundo golpe se ve reducido como consecuencia de sacar hacia el medio de la pista desde el lado de ventaja. Sin embargo, será una buena elección cuando se enfrente a un oponente diestro de juego agresivo que cuente con un resto de revés dominante. Además, este saque conlleva un margen de error mayor que la versión lateral, dado que pasa por la parte más baja de la red.

Jugador que sirve hacia el centro
Tras servir al centro desde el lado de ventaja, el servidor cuenta con dos opciones: efectuar una cruzada o una paralela (*véase* página siguiente).

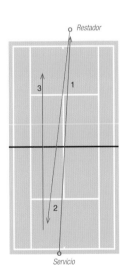

Restador

Servicio

➲ Hacia el centro y revés
➲ cruzado

El servidor saca con fuerza hacia el centro de la pista (1) y recibe un resto cruzado hacia su lado de revés (2). A continuación, decide efectuar un revés agresivo cruzado desde el fondo de la pista, lo que ayuda a mantener a su oponente bajo presión (3).

Restador

Servicio

❍ Hacia el centro y paralela
➲ Tras el mismo servicio centrado (1) y el mismo resto (2), el servidor realiza un revés paralelo en lugar de cruzado (3).

EJERCICIO: evalúe su servicio

La próxima vez que juegue unos puntos de entrenamiento, informe a su oponente de hacia dónde piensa mandar la pelota antes de realizar el saque. Si ejecuta el servicio más o menos bien, se sorprenderá de los puntos que podrá conseguir, a pesar de que su oponente sepa de antemano hacia dónde va a ir la pelota.

Dobles: servicio con ángulo desde el lado de iguales

Para el jugador diestro, el saque con ángulo desde el lado de iguales puede ser un arma extremadamente efectiva, siempre que lo golpee con suficiente efecto cortado como para que la pelota bote baja y obligue al rival a salir de la pista. Fíjese en cómo los tres patrones de ataque que se muestran en los diagramas inferiores se han ejecutado con éxito partiendo de un servicio en la misma dirección. Recuerde que crear un espacio en la pista con un saque con ángulo es una gran táctica siempre que el equipo servidor sea capaz de dominar el peloteo.

CONSEJO: servicio en dobles

En dobles, hay menos espacios donde golpear la pelota. Por eso, la planificación de patrones de juego específicos con su compañero adquiere un papel todavía más vital. Si ambos preparan de antemano la dirección en que irá su saque y la posición que cada uno adoptará, serán capaces de jugar en equipo de forma más eficiente.

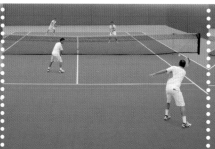

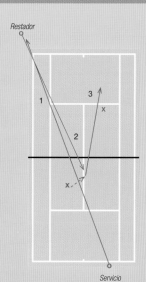

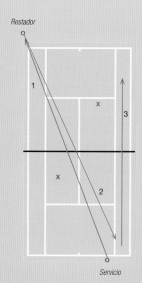

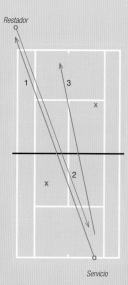

◯ Servicio con ángulo y volea al espacio

Un saque con ángulo (1) permite al compañero del servidor interceptar el resto con una volea hacia el espacio entre sus oponentes (3). El compañero del servidor anticipa la dirección del resto (2), consciente de que es muy difícil realizar un resto cruzado desde el sitio en que se encuentra el rival.

◯ Servicio con ángulo y paralela agresiva

Así, el servidor golpea una paralela agresiva (3) tras un servicio con ángulo (1). Esto ocurre porque el compañero del restador ha asumido una posición más centrada en la volea, generando con ello un espacio donde mandar la paralela.

◯ Servicio con ángulo y golpe agresivo al centro

Aquí, el servidor opta por un golpe agresivo de fondo de pista en dirección al centro (3), dado que el saque con ángulo (1) ha generado un gran espacio entre los dos oponentes.

Dobles: servicio al centro desde el lado de iguales

Dominar el centro de la pista es una táctica fundamental en los dobles, de modo que el saque centrado es la elección natural de muchos jugadores experimentados. Aquellos con un servicio más débil también se beneficiarán de esta elección, dado que el saque al centro limita los ángulos en los que el adversario puede golpear un resto agresivo.

⌒ Al centro y volea agresiva

⮕ El compañero del servidor se anticipa al resto débil del oponente (2) y se desplaza por la red para interceptarlo con una volea ganadora (3). Esta táctica puede planearse antes de empezar el punto, o dejar en manos de la pareja del servidor la elección de efectuar la volea o no, según la calidad del resto rival. Si se planea antes de empezar el punto, el servidor correrá de inmediato a cubrir el espacio que ha dejado su compañero al cruzarse en la volea de interceptación.

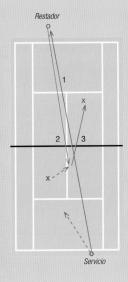

⌒ Al centro y paralela

En el primer diagrama (*superior izquierda*) y en la fotografía, el jugador de la red deja pasar la pelota de resto (2) para que el servidor ataque con un golpe agresivo de línea de fondo en paralelo (3).

Otros posibles segundos golpes del servidor son el globo paralelo, la dejada cruzada para atraer al restador hacia la red, o un golpe de aproximación cruzado que le permita acercarse a su compañero en la red (que se muestra en el segundo diagrama, (*superior derecha*).

Dobles: servicio con ángulo desde el lado de ventaja

Este tipo de servicio es útil para jugadores diestros capaces de efectuar golpes *liftados* (el bote alto de la pelota la sacará todavía más de la pista), así como para jugadores zurdos que puedan golpear con efecto cortado (la pelota botará baja y hacia el lado). En función de las preferencias de juego del equipo servidor y de las debilidades de sus oponentes, podrán emplearse distintas combinaciones de segundos golpes.

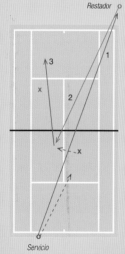

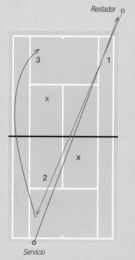

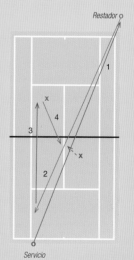

◑ Servicio con ángulo y volea al espacio

El servicio con ángulo (1) es respaldado por la pareja del servidor, que se cruza e intercepta el resto mediante una volea en dirección al espacio entre sus oponentes (3). Se trata de una jugada planeada, de modo que el servidor se mueve automáticamente hacia el espacio que ha dejado su compañero (que ha corrido hacia la red).

◑ Servicio con ángulo y globo paralelo

Este patrón de servicio implica el mismo servicio con ángulo (1), pero en esta ocasión el servidor efectúa un globo agresivo por encima del oponente en la red como segundo golpe (3). Tras jugar el globo, el servidor corre hacia delante para sumarse a su pareja en la red y tomar el control del punto.

◑ Servicio con ángulo y golpe hacia el oponente

El servidor manda su segundo golpe en dirección al cuerpo del oponente en la red (3). Observe cómo el compañero del servidor se desplaza en diagonal hacia delante anticipando una volea defensiva por parte del oponente en la red (4).

Otros segundos golpes posibles son la dejada cruzada (según la posición del restador) o un golpe de aproximación cruzado.

Dobles: servicio al centro desde el lado de ventaja

El saque al medio es uno de los golpes favoritos de las parejas de dobles en busca de una jugada de saque-volea. Este servicio les permite dominar la red, sin dar ángulos posibles a los oponentes, lo que les obliga a golpear por encima de ellos si quieren aproximarse a la red.

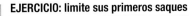
EJERCICIO: limite sus primeros saques

Permita a su equipo sólo tres primeros saques por cada juego de servicio. Cuando decida efectuar un primer saque, sostenga la pelota en alto para que su oponente pueda prepararse adecuadamente. Esto le forzará a planear sus puntos de primer servicio de forma más cuidadosa y, a la vez, le ayudará a poner a prueba la eficacia de su segundo servicio.

◖ Servicio al centro
◗ y volea a los pies

El primer saque (1) reduce las opciones disponibles del restador y permite a la pareja del servidor tomar el control del centro de la red. Aquí, el jugador de la red intercepta el resto (2) con una volea dirigida al espacio entre ambos oponentes (3). La táctica de la volea, cruzándose, se puede planear antes del punto o iniciarse instintivamente en función de la calidad del resto. Fíjese en cómo se desplaza el servidor para cubrir el espacio que ha dejado su compañero al cruzarse a la red.

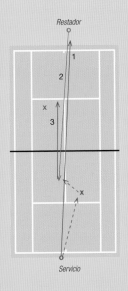

Restador

Servicio

◖ Servicio al centro y
◗ cruzada de aproximación

Se efectúa el mismo saque al medio (1), pero en esta ocasión el servidor opta por un golpe cruzado de aproximación (3) como segundo golpe de la pareja. Al quedar el resto corto le permite subir a la red.

Otros segundos golpes posibles son un globo paralelo, un golpe de fondo de pista agresivo paralelo, o un golpe de fondo cruzado que mantenga la presión sobre el oponente.

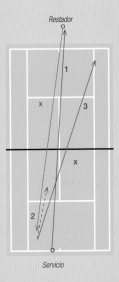

Restador

Servicio

3

1 **Responder al primer servicio**

Neutralizar la amenaza del primer saque impide que el adversario empiece el punto de forma ofensiva. Consiga una ventaja inmediata fijándose bien en la empuñadura del oponente, su posición en la pista y su elevación de la pelota.

Véanse *páginas 48–53*

resto

El resto es uno de los golpes más importantes del tenis; según la ocasión, deberá neutralizar un saque potente o dominar uno débil. Es la mejor forma de poner a prueba su capacidad de recepción, dado que la toma de decisiones, el movimiento y la ejecución del golpe se suceden con rapidez. Gran parte del resto es la capacidad de anticipar cómo y hacia dónde se jugará el servicio, acompañada por la toma de decisiones inteligentes sobre cómo contrarrestarlo. Este capítulo le ayudará a desarrollar estas herramientas fundamentales tanto para el juego individual como de dobles.

2 Responder al segundo servicio

A menudo, el segundo servicio será más débil que el primero, lo que le dará una oportunidad de tomar el control del peloteo. Descubra cómo restar de la forma más efectiva, tanto anticipándose como influyendo en el tipo de servicio al que se enfrentará.

Véanse *páginas 54–56*

3 El resto que su oponente quiere evitar

Descubra qué tipo de resto pondrá a su rival en un mayor aprieto en función del tipo de empuñadura que utilice, sus patrones de movimiento y la posición en pista que tenga tendencia a adoptar.

Véanse *páginas 57–59*

4 Utilizar patrones de resto a su favor

Consiga más victorias incorporando su resto en una secuencia de golpes ganadora. Esta sección analiza cómo puede hacerlo tanto en el juego individual como en dobles.

Véanse *páginas 60–67*

1

RESPONDER AL
PRIMER SERVICIO

El primer saque puede ser uno de los golpes más difíciles de responder porque requiere seguir la trayectoria de la pelota y reaccionar de forma casi instantánea. Aunque el servidor sigue teniendo el control del golpe, hay algunas pistas visuales que puede aprovechar para convertir su resto en una auténtica arma.

Los cuatro pasos del servicio

Hay cuatro pasos principales a la hora de servir: la posición de inicio, la elevación de la pelota, el impacto y la posición final. La serie de imágenes de la derecha le proporcionará una idea de las posiciones de su oponente en cada paso. Fíjese en cómo la rotación de los hombros en el instante previo al contacto confiere a su oponente la capacidad de modificar en el último momento la colocación de la pelota, mientras que los dos primeros pasos proporcionan las pistas más importantes sobre la dirección de la misma.

EMPUÑADURA La empuñadura de su rival determinará en gran medida sus opciones en cuanto a la velocidad y el efecto del servicio que se dispone a realizar. Los adversarios menos experimentados suelen utilizar una empuñadura que limita sus opciones, lo cual, a su vez, le proporciona a usted la oportunidad de anticiparse al tipo de servicio al que se va a enfrentar (*véase* página 50).

POSICIÓN EN PISTA La posición en pista desde la que su oponente vaya a servir (es decir, el punto junto a la línea de fondo en que se sitúe) le proporcionará información sobre la dirección de su servicio. Esto crea otra oportunidad de anticiparse al saque y estar un paso por delante en el juego (*véase* página 51).

ELEVACIÓN DE LA PELOTA La elevación de la pelota del rival indica, a menudo, hacia dónde no será capaz de mandar su saque. La posición de la pelota al entrar en contacto con la raqueta determina en gran medida la dirección, el efecto y la velocidad del servicio. Por consiguiente, un jugador poco experimentado tenderá a lanzar la pelota a una posición que sólo le permita golpear uno o dos tipos de saque, lo que le dará a usted una ventaja clave para enfrentarse a un primer servicio (*véanse* páginas 52-53).

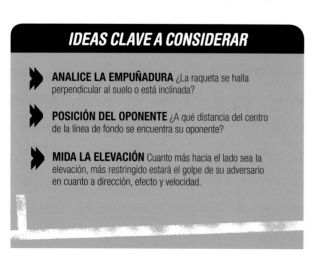

IDEAS CLAVE A CONSIDERAR

➤ **ANALICE LA EMPUÑADURA** ¿La raqueta se halla perpendicular al suelo o está inclinada?

➤ **POSICIÓN DEL OPONENTE** ¿A qué distancia del centro de la línea de fondo se encuentra su oponente?

➤ **MIDA LA ELEVACIÓN** Cuanto más hacia el lado sea la elevación, más restringido estará el golpe de su adversario en cuanto a dirección, efecto y velocidad.

🎧 **Posición de inicio**

🎧 **Elevación de la pelota**   🎧 **Impacto**   🎧 **Posición final**

Leer la empuñadura de su oponente

La forma en que su oponente agarre la raqueta al sacar podrá indicarle el tipo de servicio al que se va a enfrentar. Los servidores con menos experiencia tienden a usar una empuñadura de derecha, lo que limita más sus opciones que si emplearan una empuñadura continental.

EMPUÑADURA DE DERECHA

Una empuñadura de derecha permite a su oponente golpear la pelota plana y con fuerza al sacar, pero sin un efecto cortado o *liftado* significativo. Aunque el saque puede ser potente, su falta de efecto lo hará muy constante y relativamente fácil de predecir.

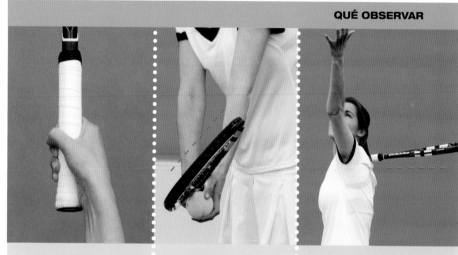

QUÉ OBSERVAR

◯ **Pista sobre la empuñadura**
Si la parte superior de la mano de la servidora reposa sobre el lado plano del mango de la raqueta, utiliza una empuñadura de derecha.

◯ **Borde de la raqueta inclinado**
Si el borde de la raqueta está inclinado mientras se prepara el servicio, suele ser una empuñadura de derecha.

◯ **Cara de la raqueta horizontal**
Los oponentes que usen una empuñadura de derecha para sacar tenderán a situar las cuerdas de la raqueta mirando hacia arriba.

EMPUÑADURA CONTINENTAL

La empuñadura continental es la más recomendable a la hora de sacar: permite potencia, efecto y oculta bien el golpe. Los jugadores que empleen una empuñadura continental contarán con muchas más opciones a la hora de servir. Desde el punto de vista del restador, deberá ser capaz de identificar esta empuñadura en cuanto la vea, ¡y poder prepararse para lo peor!

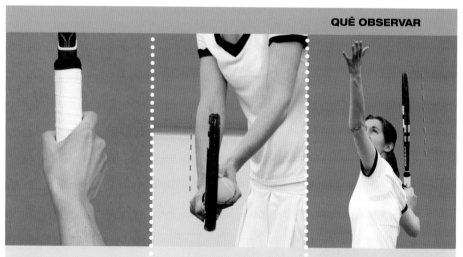

QUÉ OBSERVAR

◯ **Puño torcido**
Si la parte superior de la palma de la mano del servidor reposa más hacia el borde diagonal del mango de la raqueta, está utilizando una empuñadura continental.

◯ **Borde de la raqueta perpendicular**
Si su oponente sujeta la raqueta con el borde perpendicular al suelo, probablemente esté usando una empuñadura continental.

◯ **Cara de la raqueta recta**
Si la cara de la raqueta mira hacia el lateral de la pista, lo más probable es que la oponente esté usando una empuñadura continental.

Leer la posición en pista de su oponente

La localización sobre la pista de su oponente puede darle claves sobre la dirección de su servicio. Por ejemplo, cuanto más cerca se encuentre del centro de la línea de fondo, más fácil le será sacar en dirección al medio de la pista. Una posición menos centrada, por otro lado, le proporcionará un ángulo mayor en la dirección del servicio. Intente advertir cualquier patrón evidente que resulte de estas posiciones.

EL LADO DE IGUALES

AL CENTRO DESDE EL LADO DE IGUALES
Un oponente que sirva desde el centro en el lado de iguales será capaz de dirigir la pelota en paralelo hacia el centro de la pista, sin importar el tipo de empuñadura que emplee (1).

LATERAL DESDE EL LADO DE IGUALES
Un rival que se encuentre en una posición más lateral contará con un ángulo mayor para efectuar con éxito un servicio angulado. Cabe señalar que si utiliza una empuñadura de derecha, le impedirá golpear con mucho efecto (1).

EL LADO DE VENTAJA

AL CENTRO DESDE EL LADO DE VENTAJA
Como en la posición del lado de iguales, un oponente cercano al centro de la pista podrá dirigir su golpe hacia el medio (1). Si, además, es capaz de sacar hacia el lado abierto de la pista, dependerá de su empuñadura y elevación de la pelota (*véanse* páginas 52-53).

LATERAL DESDE EL LADO DE VENTAJA
Desde una posición más lateral en la pista de ventaja, el servidor cuenta con más ángulo para poder efectuar un servicio abierto con ángulo (1). De nuevo, la empuñadura y lanzamiento de pelota que utilice serán un factor añadido que deberá tener en cuenta.

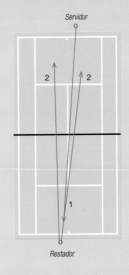

QUÉ OBSERVAR

⌒ Oponente que saca desde el centro en el lado de iguales
Si su oponente sirve desde una posición central, es más probable que efectúe un servicio en paralelo hacia el centro de la pista.

⌒ Oponente que saca desde el lateral en el lado de ventaja
Si su oponente se encuentra en el lateral del lado de ventaja para realizar el servicio, es probable que se enfrente a un servicio con más ángulo.

Interpretar la elevación de la pelota de su oponente

La posición de la pelota cuando entra en contacto con la raqueta determina en gran medida la dirección, el efecto y la velocidad del saque. Como consecuencia, la elevación de la pelota del oponente le proporcionará pistas sobre cómo y hacia dónde efectuará su servicio.

Pelota alta lejos del cuerpo

Si la pelota se eleva a excesiva distancia del cuerpo, el servicio tenderá a salir con demasiado efecto (cortado), dado que la raqueta habrá tocado la pelota por la parte exterior, lo que dificultará efectuar un golpe recto y plano. Un servidor diestro tenderá a servir a la derecha de un restador también diestro con este tipo de lanzamiento.

Pelota alta demasiado hacia atrás

Cuando la pelota se eleva demasiado hacia atrás, el servidor no es capaz de maximizar la potencia de su saque. Tendrá problemas para mantener el equilibrio, y, a menudo, terminará en el lateral o detrás de la línea de fondo, lo que aumentará el tiempo de preparación de su siguiente golpe. Debido a esto, los servidores diestros suelen tener problemas con el saque lateral desde el lado de iguales usando este lanzamiento, ya que les obliga a golpear la pelota por la parte interior.

Elevación alta de la pelota

Una elevación alta puede complicar la coordinación adecuada del contacto entre raqueta y pelota, dado que esta última tarda más en bajar. También puede resultar en un mayor efecto de la pelota (la raqueta entra en contacto con más superficie inferior de la pelota). La clave en este caso es estar listo para un servicio poco constante.

Elevación baja de la pelota

Un servidor con una elevación de la pelota muy baja contará con una acción de servicio muy rápida, dada la falta de tiempo para adquirir una posición de golpeo completamente extendida. En este caso, el servicio suele ser plano, de vuelo bajo sobre la red (o contra ésta), puesto que no habrá podido golpear la pelota en su punto más alto.

CUIDADO CON LA ELEVACIÓN PERFECTA

La posición ideal de la pelota es directamente por encima y frente a la cabeza del servidor (si cayera sin ser golpeada, lo haría justo por delante de la nariz del jugador). Esto maximiza la fuerza y el control en el momento de contacto. La altura adecuada permite, además, golpear la pelota con una extensión completa del brazo, lo que facilita la máxima potencia.

2 RESPONDER AL SEGUNDO SERVICIO

El segundo saque aporta una nueva dimensión al juego: el servidor, a fin de asegurar el golpe, opta por la precisión y la constancia en lugar de buscar la máxima potencia. Aquí, el restador juega con ventaja y se llevará la mayor parte de los puntos. Esto ocurre incluso a nivel profesional, donde los servidores ganan un promedio inferior a la mitad de todos sus puntos de segundo saque.

Anticipar el tipo de servicio del oponente

Analizar con atención la empuñadura de saque de su oponente puede aumentar sus probabilidades de responder a un segundo servicio. La posición del pie trasero y el brazo de la raqueta son otros factores que pueden darle una pista clave sobre el tipo de servicio al que se va a enfrentar.

ANALICE LA EMPUÑADURA DE SAQUE Una oponente que use una empuñadura de derecha para servir se verá seriamente limitada a la hora de efectuar su segundo servicio. Al ser casi nulo el efecto que pueda aplicar a la pelota, se verá obligada a reducir de manera significativa la velocidad del golpe (o a asumir un riesgo importante con un golpe fuerte). Intente fijarse en el ángulo que forma su raqueta al sacar. Si utiliza una empuñadura de derecha, las cuerdas de su raqueta apuntarán hacia arriba.

Si la punta de la raqueta mira hacia el lado de la pista, lo más probable es que su oponente use una empuñadura continental. Ésta le permitirá sacar con más fuerza y efecto, y de forma menos previsible.

IDEAS CLAVE A CONSIDERAR

▶ **CONTRARRESTE LA POTENCIA DE SU OPONENTE** Use el centro de la pista para neutralizar el mejor servicio de su oponente, y procure ralentizar la pelota, manteniéndola baja, si es posible.

▶ **DOMINE CUANDO PUEDA** Manténgase alerta a la oportunidad de atacar tras el saque de su oponente, en especial tras un segundo saque.

QUÉ OBSERVAR

🎧 **Oponente con empuñadura de derecha**
Si la cara de la raqueta de su oponente mira hacia arriba, contará con pocas opciones para efectuar un buen segundo saque.

🎧 **Oponente con empuñadura continental**
Si la raqueta mira hacia el lado de la pista, lo más probable es que su oponente use una empuñadura continental, con un segundo servicio más potente.

FÍJESE EN EL PIE TRASERO A menudo es posible predecir la dirección del segundo saque del oponente si se analiza la posición de su pie trasero justo antes de que golpee la pelota.

↻ Pie trasero sobre la línea de fondo
Si el oponente desplaza el pie alrededor del cuerpo y lo sitúa en la línea de fondo junto al delantero, lo más probable es que el saque sea poco potente. Esto se debe a que el tronco del servidor apunta hacia delante e impide la rotación de los hombros.

↻ Pie trasero detrás del delantero
Aquí, los pies del servidor se mantienen en posición lateral, lo que permite que su tronco siga inclinado y algo lateral. Esta postura facilita la rotación completa de los hombros en el momento del saque para golpear la pelota con efecto y velocidad.

FÍJESE EN EL CODO
Observe bien la posición del codo del brazo que efectúa el saque. Si está al lado de su otro codo, el saque tendrá poca fuerza, puesto que el hombro trasero no estará correctamente situado detrás del delantero, lo que impedirá una rotación adecuada del torso.

↻ Codo delante
Si el codo de la servidora se halla delante de ella, el saque tendrá poca potencia.

↻ Codo detrás
Si el codo de su oponente se encuentra detrás de ella, contará con una probabilidad mucho mayor de servir con éxito.

Influir en el servicio del oponente

El resto del segundo servicio de su oponente le permitirá tomar el control del peloteo con mucha frecuencia. Su rival estará obligado a mandar la pelota dentro del cuadrado de saque, lo que garantiza un golpe débil; tras fallar el primero, no puede permitirse arriesgar con su segundo servicio.

HACIA DELANTE Una de las formas más eficaces de presionar a su oponente es efectuar el resto tan pronto como sea posible desde una posición adelantada respecto a la línea de fondo, golpeando en el momento, o justo después, del punto álgido del bote. Esto le da a su oponente menos tiempo para recuperarse del servicio y preparar su siguiente golpe, y le concede a usted la oportunidad de mantener una posición dominante sobre la pista y generar un resto potente. Además, una posición de resto dentro de la pista puede contribuir a intimidar lo bastante a su oponente como para que falle su saque.

↻ **Resto desde dentro de la línea de fondo**
Restar desde delante de la línea de fondo le permitirá tocar la pelota en su punto álgido y quitar tiempo de respuesta a su oponente.

HACIA EL LADO También puede influir en su oponente con su posición en la pista. Por ejemplo, dejar un espacio mayor del habitual en su lado de derecha puede tentarle a servir en esa dirección.

EJERCICIO: encontrar el momento exacto

Golpear la pelota en el punto álgido de su bote implica tocarla con la raqueta justo en el punto intermedio entre su primer bote y el segundo (imaginario). Marque sobre la pista el lugar donde ambos suceden; el punto de contacto ideal será el que se halle a medio camino entre ambas marcas. Descubrirá que, con frecuencia, esta posición se encuentra mucho más adentro de lo que esperaba.

∩ **Deje un espacio**
Deje un espacio en su lado de derecha para que su oponente envíe el saque hacia allí.

Los jugadores experimentados combinan golpes de alta calidad con decisiones inteligentes a la hora de dirigir sus restos. Observe el tipo de juego que desarrolla su oponente después de sacar para intentar descubrir a qué tipo de resto preferiría no enfrentarse.

APROVECHAR LA EMPUÑADURA DE SERVICIO Fíjese en la empuñadura que su oponente utiliza para sacar. Si está usando una de derecha, es posible que tenga problemas al cambiar a una de revés si la pone bajo suficiente presión temporal con su resto. Puede que baste con restar hacia su lado de revés con buena velocidad para forzarla a cometer un error. Esto es particularmente aplicable a rivales que utilizan una empuñadura extrema, ya sea en su derecha o en su revés, porque tienen que modificar bastante su empuñadura después de sacar. (Para más información sobre cómo leer la empuñadura del oponente, *véase* página 50.)

EL RESTO EN ESPEJO Existen algunos restos que siempre causan problemas a su oponente, incluso antes de que usted tenga claras sus aptitudes y sus limitaciones. Uno de ellos es el resto en espejo. Éste sale directo hacia la rival, «reflejando» la dirección de su servicio. La ventaja de este tipo de resto es que no requiere la toma de ninguna decisión: la pelota se golpea hacia el mismo sitio del que ha venido. Cuando se ejecuta con una profundidad y una velocidad suficientes, este resto reduce el ángulo, el espacio y el tiempo disponibles para el siguiente golpe de su oponente.

QUÉ OBSERVAR

⋂ Sin tiempo para cambiar
Esta oponente no ha tenido tiempo de modificar su empuñadura y está intentando golpear un revés con su empuñadura de derecha. Esto dará lugar a un error o a un golpe muy débil.

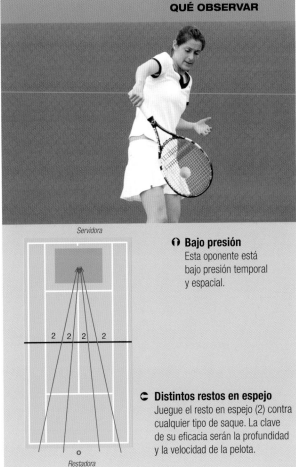

QUÉ OBSERVAR

Servidora

2 2 2 2

Restadora

⋂ Bajo presión
Esta oponente está bajo presión temporal y espacial.

⟳ Distintos restos en espejo
Juegue el resto en espejo (2) contra cualquier tipo de saque. La clave de su eficacia serán la profundidad y la velocidad de la pelota.

EL RESTO CON ÁNGULO CORTO Este tipo de resto obliga a su oponente a moverse en diagonal a través de la pista, lo que puede ser difícil, dado que requiere una combinación compleja de percepción, movimiento y preparación en un espacio de tiempo muy reducido. La mayoría de jugadores suele preferir desplazarse lateralmente (de lado a lado) en lugar de en diagonal, porque acostumbra a percibirse antes la dirección de la pelota que su profundidad. Así, al recibir un resto con ángulo corto, su oponente tenderá a moverse en lateral de forma instintiva

(al detectar la dirección) antes de hacerlo hacia delante a por la pelota (al detectar la profundidad). Este desplazamiento en dos etapas (en lugar de directamente hacia la pelota) es en cierto sentido deficiente.

Fíjese, además, con qué lado se defiende mejor su oponente. Por ejemplo, una adversaria que utilice un revés cortado a una mano tenderá a defenderse mejor cuando tenga que jugar en corto y hacia el lado de lo que lo hará otra que use un revés a dos manos.

QUÉ OBSERVAR

Golpear una pelota corta y con ángulo

Lo más probable aquí es que su oponente responda con un golpe más lento y a mayor altura. Si observa que su rival orienta la raqueta hacia arriba para jugar una pelota defensiva, una de sus mejores opciones será adentrarse en la pista para jugar un golpe agresivo como respuesta a su defensa. Esta oponente tiene dificultades para alcanzar una pelota a lado usando una empuñadura a dos manos.

Movimiento directo

El oponente al saque ha ido directo hacia la pelota (a).

Movimiento en dos direcciones

Este patrón de movimiento en dos direcciones (a y luego b) impide que el oponente alcance la pelota a tiempo.

EL RESTO DEJADA Jugar un resto dejada es una gran opción si observa que su oponente permanece al fondo de la pista tras efectuar el saque. Una buena táctica después de mandar la dejada es correr hacia delante anticipando un golpe defensivo flojo, si determina que su rival tendrá problemas para alcanzar la pelota.

○ Golpear un resto dejada
Intente amortiguar ligeramente el impacto de la pelota cuando efectúe un resto dejada. Absorber la velocidad de la pelota entrante mejora el control de la raqueta al golpear, y le permitirá devolver la pelota con precisión y exactitud.

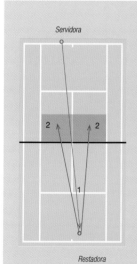

Servidora

2 2

1

Restadora

○ Área objetivo de la dejada
○ El área objetivo de una dejada no tiene por qué estar muy pegada a la red; lo que acostumbra a vencer a su oponente es el factor sorpresa del golpe. A menudo será suficiente con apuntar a medio camino entre la red y la línea de servicio (2).

En la fotografía de la derecha, la oponente al saque se lanza a por la pelota después de que la jugadora al resto haya golpeado una dejada. La restadora correrá hacia delante si considera que su oponente está bajo presión.

4 UTILIZAR PATRONES DE RESTO A SU FAVOR

Jugar una secuencia específica de golpes, empezando por el resto, le dará mucha confianza sobre la pista. Estos patrones de juego los utilizan a menudo jugadores experimentados, dependiendo del tipo de servicio y de oponente al que se enfrenten.

Individual: neutralizar un primer servicio fuerte

Puede utilizar patrones de juego con éxito incluso contra un servidor muy fuerte. Para ello, el primer paso será neutralizar el dominio de su oponente. Muchos jugadores inexpertos tienen dificultades a la hora de cumplir el objetivo anterior; intentan atacar directamente y, como resultado, cometen muchos errores que podrían haber evitado.

REDUCIR LA VELOCIDAD Limitar la velocidad de la pelota puede ayudar a neutralizar la amenaza del servicio de forma inmediata. Los servidores fuertes tienden a optar por un golpe de fondo de pista agresivo y rápido después de su servicio. Parte de esa velocidad procede del resto que usted acaba de efectuar.

El resto de bloqueo le permite golpear con control y con poca velocidad de la que su rival pueda sacar partido. La acción es similar a una volea: reduzca su *swing* y toque la pelota delante de su cuerpo. Al ser una acción simple, resulta relativamente fácil de coordinar contra un servicio rápido.

↻ Resto de derecha bloqueado
Entre en contacto con la pelota por delante de usted y golpee con un ligero efecto cortado. Ambos factores le ayudarán a reducir la velocidad de la pelota y a asegurar un bote bajo cuando alcance a su oponente.

IDEAS CLAVE A CONSIDERAR

 CAMBIE SU POSICIÓN EN PISTA Trate de modificar su posición en pista para intentar responder a un servicio muy potente de su rival.

 ¿DEMASIADO CERCA? En dobles, intente fijarse en la distancia que existe entre su rival y la red; un globo puede ser una opción perfecta.

CUANTO MÁS BAJO, MEJOR Un resto a baja altura tras un servicio fuerte hará más difícil que la rival pueda atacar con su próximo golpe. El resto bajo, sin importar dónde bota de la pista, fuerza a su oponente a golpear con altura y le proporciona a usted una fracción de segundo más para recuperarse. Esta táctica es particularmente efectiva contra oponentes que empleen un *swing* muy largo y/o una empuñadura cerrada.

⊃ Mantenga la pelota baja
El bote bajo de este resto pondrá a prueba a su oponente si ésta usa un *swing* alto y largo. La altura de la pelota hará muy difícil un golpe agresivo.

AL MEDIO Y AL ESPACIO LIBRE

Restar hacia el centro de la pista es una buena opción porque reduce inmediatamente el ángulo disponible para el siguiente golpe de su rival. Los jugadores experimentados suelen golpear hacia el medio a fin de neutralizar el saque, para luego adentrarse en la pista y atacar hacia un lado una vez han tomado el control del punto.

Servidora

Restadora

⊃ Dominar el centro y el espacio libre
La parte sombreada es el área hacia la que hay que mandar un resto centrado y profundo. Observe cómo la restadora juega hacia allí en primer lugar y dirige después su segundo golpe hacia un espacio libre mayor (4). Esta secuencia puede emplearse contra cualquier tipo de saque.

EJERCICIO: neutralizar el primer saque

Durante el entrenamiento, juegue sólo aquellos puntos que crea haber neutralizado adecuadamente con su resto al primer saque. Si no logra dominar o, como mínimo, equilibrar el peloteo, detenga el juego y empiece de nuevo.

Individual: patrones de juego contra un segundo saque débil

El resto al segundo servicio es una gran forma de presionar inmediatamente a su oponente. Sin embargo, también deberá emplear una secuencia de golpes tras su resto a fin de mantener e incrementar su dominio del peloteo. A diferencia de cuando se enfrenta a un primer saque fuerte, responder a un segundo servicio hacia un espacio libre de la pista puede ser una opción muy ventajosa. Forzar a su oponente hacia el lado, el fondo o el frente de la pista le permitirá generar muchas oportunidades de ataque.

EL RESTO DEJADA Es crucial posicionarse de manera adecuada tras la ejecución de un resto dejada. Desplácese hacia delante si advierte que su oponente va a tener problemas para alcanzar la pelota, ya que en tal caso golpeará en corto y sin fuerza. A continuación, podrá intentar una volea lejos del rival para hacerse con el punto. Si cree que su dejada no ha puesto a su oponente bajo suficiente presión, una posición justo enfrente de la línea de fondo será una opción más segura.

PATRONES DE JUEGO DE DOS GOLPES

ATAQUES DESDE EL LADO DE IGUALES

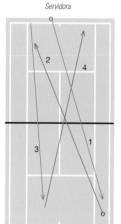

Servidora

Restadora

↻ **Ataque cruzado**
Mande una cruzada agresiva con un resto de derecha (2) y continúe atacando con un revés cruzado (4). Una gran extrategia es enviar la pelota hacia dos espacios opuestos en rápida sucesión.

Ataque paralelo ⊃
Golpee un revés paralelo agresivo (2) y continúe el ataque con una derecha cruzada (4). Es fundamental generar suficiente espacio con el resto para dejar el segundo golpe fuera del alcance de la rival.

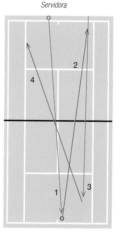

Servidora

Restadora

ATAQUES DESDE EL LADO DE VENTAJA

Servidora

Restadora

↻ **Patrón de dos espacios**
Utilice una táctica de dos espacios atacando con un resto cruzado de revés (2), seguido de un golpe de fondo cruzado de derecha (4).

Ataque de dentro a fuera ⊃
Si prefiere la derecha al revés, utilice un ataque de dentro a fuera con un resto de derecha invertida (una derecha cruzada golpeada desde el lado de revés de la pista) (2), seguido de un golpe de fondo cruzado, también de derecha (4).

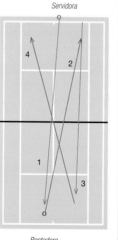

Servidora

Restadora

⋂ Bien preparada
La posición de esta jugadora, justo delante de la línea de fondo, le permitirá desplazarse sin problemas tanto hacia delante como hacia atrás.

CONSEJO: la volea como segundo golpe
Jugar una volea tras el resto le ayudará a mantener la presión sobre su oponente. De este modo, demuestra a su rival que cuenta con un amplio abanico de opciones ofensivas, y puede ayudar a que esté nerviosa durante el resto del partido.

RESTAR Y SUBIR Puede aproximarse a la red tras golpear un resto cortado paralelo o hacia el centro de la pista. Incluso si su oponente anticipa esta táctica, contará con la presión de efectuar un *passing shot* o un globo para evitar que usted intercepte la pelota desde la red. Muchos jugadores con un buen revés cortado emplean bastante esta táctica.

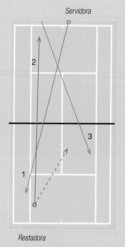

Servidora

Restadora

☊ Aproximación en paralelo
➲ Observe cómo la aproximación en paralelo (2) obliga a la oponente al saque a mandar una cruzada con ángulo para superar a la jugadora de la red (3). Puede ser un golpe muy difícil de efectuar bajo presión.

En la fotografía de la izquierda, la restadora ejecuta un revés cortado en paralelo antes de aproximarse a la red.

EL *LOOP* AGRESIVO Una forma alternativa de aproximarse a la red es el *loop* agresivo. Este tipo de resto se golpea con altura y mucho efecto *liftado*. El tiempo adicional que tarda en alcanzar a la oponente le concede a usted la oportunidad de asumir una posición dominante en la red. El *loop* agresivo es particularmente eficaz contra rivales con problemas para responder a pelotas altas.

➲ Revés de bote alto
Esta jugadora ha atacado con un resto de revés cruzado con mucho efecto. El bote alto de la pelota obliga a su oponente a retroceder tras pasar la línea de fondo, lo que permite a la restadora aproximarse con éxito a la red.

EJERCICIO: reduzca sus golpes

Permítase un total tres golpes para ganar el punto a la hora de restar contra un segundo servicio (un peloteo de seis golpes como máximo). Si supera el límite, pierde el punto. Esto le ayudará a centrarse en sus mejores golpes.

Dobles: neutralizar
un primer servicio potente

El uso de los patrones de resto es fundamental en los juegos de dobles, ya que la falta de espacios sobre la pista obliga a las parejas a planear cuidadosamente todos sus golpes.

AMBOS DETRÁS Una estrategia muy efectiva para neutralizar un primer saque potente en dobles es aquella en que ambos jugadores adoptan una posición de línea de fondo durante el resto. Esto cambia por completo el aspecto que ofrece la pista desde el lado del servidor y, además, elimina la posibilidad de un golpe hacia el cuerpo del jugador en la red.

POSICIÓN DE RED DEFENSIVA Las parejas al resto que no quieran ceder inmediatamente su posición de red optarán por una formación uno arriba/uno abajo de tipo defensivo. Esto implica que la pareja de la restadora estará justo detrás de la línea de servicio, a la espera de aproximarse a la red en caso de un resto fuerte o de retroceder en caso de uno débil.

Ambos sobre la línea de fondo

Como los dos jugadores se encuentran sobre la línea de fondo, ya no hay un jugador de red evidente hacia el cual la otra pareja puede mandar sus golpes. Esta táctica es muy útil en el caso de aquellas parejas con un buen dominio de los golpes de línea de fondo. También puede ser efectiva en pistas de bote bajo (como las de tierra batida), donde es más difícil mandar una volea (3) fuera del alcance del rival.

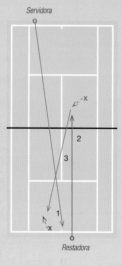

Servidora

Restadora

Uno arriba/uno abajo

La pareja de la restadora inclina su cuerpo para poder detectar con rapidez el tipo de resto que tendrá lugar. Esto le permitirá tomar rápidamente una decisión sobre si acercarse a la red o retroceder.

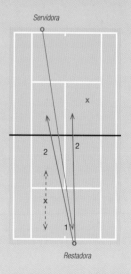

Servidora

Restadora

DEFENSA CON GLOBO

El globo es un golpe muy útil bajo presión, ya que les da tiempo, tanto a usted como a su pareja, de recolocarse sobre la pista y, si se ejecuta correctamente, puede causar confusión en el equipo rival.

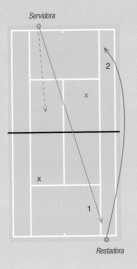

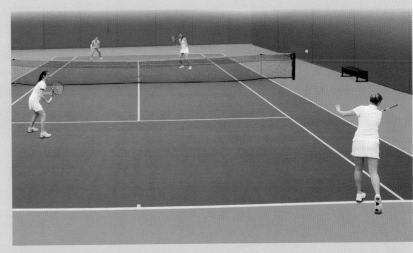

⌒ Globo paralelo
↻ Una gran elección consiste en golpear por encima de la cabeza de la oponente en la red (en paralelo), especialmente si la servidora sube a la red tras el saque (2). Esto obliga a las dos rivales a un cambio de posiciones muy rápido.

DEFENSA CON RESTO DE BLOQUEO

Reducir la velocidad de la pelota mediante un resto de bloqueo le otorgará una fracción de segundo adicional para recuperarse y planear su siguiente golpe. El resto de bloqueo es un golpe efectivo siempre y cuando pueda dirigir la pelota lejos de la oponente en la red (la baja velocidad de la pelota facilita la volea). También es una gran elección en aquellos casos en que la servidora rival decida subir a la red tras efectuar el servicio.

⇕ Bloqueo a los pies
➲ Envíe su resto de bloqueo a los pies de la servidora (2) mientras ésta se aproxima a la red, para forzarla a volear con altura (3). Esto les permitirá realizar un golpe agresivo.

Si se encuentran dominados por el saque-volea de la pareja rival, la interceptación de la primera volea de la servidora será un buen modo de cambiar la situación. Su pareja deberá cruzarse para intentar interceptar la primera volea de la servidora (4). Aunque se trata de una estrategia de alto riesgo, es una táctica capaz de sorprender a una pareja al saque.

Dobles: patrones de juego contra un segundo saque débil

Crear presión con un resto al segundo servicio es tan importante en dobles como en el juego individual. Usar patrones de juego específicos les dará a su pareja y a usted la posibilidad de tomar el control de la pista, tanto desde la línea de fondo como desde la red.

ATAQUE CRUZADO Un resto cruzado agresivo abre distintas opciones ofensivas para el equipo al resto. Sumarse a su pareja en la red les permitirá tomar el control de la misma. Un resto profundo y con ángulo reducirá las posibilidades de que su rival haga un globo o un *passing shot*, siempre que estén bien posicionados. La clave para una buena posición en pista es el movimiento coordinado de los dos miembros de la pareja, atendiendo a la trayectoria de la pelota que acaban de golpear. Este movimiento codo a codo evita la creación de espacios en pista que el equipo rival pueda explotar. (Para más información, *véase* página 96.)

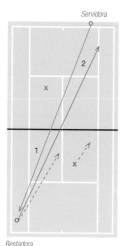

Servidora

Restadora

⟳ Resto profundo ⟲ cruzado

Un resto profundo al lado de la pista (2) le permitirá aproximarse a la red. A continuación, tanto usted como su pareja deberán seguir la trayectoria de la pelota y moverse en diagonal hacia delante.

Servidora

Restadora

⟳ Resto con ángulo corto

⟲ Juegue un resto con ángulo corto (2) y aproxímese a la red. De nuevo, su equipo se moverá hacia delante para anticiparse a la devolución defensiva de la pareja rival.

ATAQUE EN PARALELO

Un segundo saque débil también creará la oportunidad de atacar en paralelo. Si su pareja sabe de antemano que usted restará en paralelo, puede anticipar una devolución débil por parte de la jugadora de red rival.

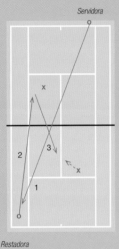

Servidora

Restadora

ATAQUE CON GLOBO

Otra forma de aproximarse a la red como restador es utilizando el globo por encima de la oponente en la red. Esto le permitirá desplazarse hacia delante y sumarse a su pareja en la red. A diferencia del resto al primer saque, ahora se colocará más adentro de la pista para jugar el resto, lo cual reducirá el espacio del campo rival hacia el que pueda mandar la pelota.

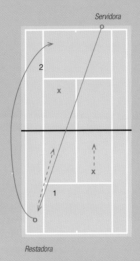

Servidora

Restadora

INTERCEPTAR EL TERCER GOLPE

Del mismo modo que se puede planear un saque-volea, también se puede decidir que su pareja en la red juegue una volea de interceptación contra el segundo golpe de la servidora. Golpee un resto agresivo cruzado que presione a la servidora y la obligue a jugar un golpe defensivo. A continuación, su pareja se cruzará por la red para interceptar esa pelota con una volea a los pies de la oponente en la red.

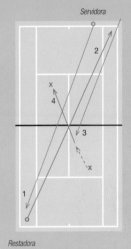

Servidora

Restadora

⋂ Interceptación central
La pareja de la restadora se desplaza hacia el centro anticipando una volea débil (3) tras el resto agresivo en paralelo (2).

⋂ Globo desde delante de la línea de fondo
Un globo jugado desde delante de la línea de fondo (2) debe ser más preciso que uno que se juega desde detrás de la línea. Sin embargo, seguirá siendo efectivo si golpea con suficiente control y precisión

⋂ Volea de interceptación
Un resto agresivo cruzado desde el lado de ventaja (2) obliga a la servidora a retroceder y desplazarse hacia el lateral de la pista (3). El área objetivo de la volea de interceptación está a los pies, o justo detrás, de la oponente en la red.

⟲ Comuníquense
La clave para utilizar patrones de resto de manera eficaz es la comunicación entre compañeros. Saber de antemano qué va a hacer su pareja le permitirá planear sus propias acciones. Este enfoque previo contribuirá a mantener una sensación de control y confianza, tanto si son la pareja favorita para ganar como si no.

juego en la línea de fondo

En cualquier momento de un peloteo desde la línea de fondo, usted atacará, defenderá o combinará golpes con el rival. Este capítulo analiza estas tres opciones tácticas al detalle y sugiere formas de predecir la siguiente maniobra del oponente observando su empuñadura, la forma de su *swing* y su posición en pista. También recomienda patrones de juego eficaces desde la línea de fondo, tanto si juega a dobles como individual.

1 Atacar desde la línea de fondo

Encuentre el mejor tipo de ataque desde la línea de fondo según el punto débil de su oponente. Aprenda, a continuación, a combinar sus golpes favoritos para tener un patrón de juego eficaz.

Véanse *páginas 70–79*

2 Defender desde la línea de fondo

Descubra la mejor posición en pista desde la que defender y las claves para anticipar las intenciones de ataque del rival. Esta sección también le proporcionará patrones de juego defensivos dirigidos específicamente a recuperar el control del partido cuando se halle bajo presión.

Véanse *páginas 80–85*

3 Pelotear desde la línea de fondo

Esta sección le mostrará cómo jugar de forma eficaz cuando exista un equilibrio de fuerzas entre usted y su rival. Esto supondrá jugar con solidez e inteligencia, lo que le permitirá hacerse con el control del peloteo a medida que éste avance.

Véanse *páginas 86–87*

1 ATACAR DESDE LA LÍNEA DE FONDO

Puede atacar a su rival desde la línea de fondo mediante una combinación de las distintas trayectorias de la pelota (altura, dirección, profundidad, velocidad y efecto). La forma en que ataque también deberá reflejar el estilo de juego y la preferencia de su rival: la empuñadura, la forma del *swing* y su posición en pista influirán en cuándo y hacia dónde efectúe usted su ataque.

Aprovechar la empuñadura del oponente

Hay ciertos tipos de golpes que su rival querrá evitar cuando lo ataque desde la línea de fondo. Su capacidad para defenderse de usted dependerá en gran medida de la empuñadura de derecha o de revés que esté usando.

Para más información sobre cómo aprovechar la empuñadura de su oponente: *véase* página 27 (aprovechar la empuñadura de resto); páginas 28-29 (servir contra una empuñadura a dos manos); y páginas 80-81 (defender desde la línea de fondo).

⌒ Ataque fuerte desde la línea de fondo
Atacar de manera eficaz desde la línea de fondo suele requerir el uso de sus mejores golpes contra los puntos débiles del oponente.

LA EMPUÑADURA DE DERECHA DE SU OPONENTE

⌒ Empuñadura continental
Aunque puede ser más efectiva contra ataques rápidos y bajos, esta empuñadura hará muy difícil que su oponente responda bien a pelotas altas (por encima de los hombros), al fondo de la pista o de bote muy cercano a su cuerpo (el punto de contacto ideal está alejado del cuerpo).

⌒ Pelota muy cercana al oponente
Con una empuñadura continental, su rival tendrá problemas para neutralizar con éxito una pelota que bote tan cerca de su cuerpo.

⌒ Empuñadura este de derecha

Esta popular empuñadura será más eficaz para su oponente si lo ataca con pelotas bajas y con ángulo. Sin embargo, reducirá su capacidad de responder a pelotas altas (por encima de los hombros), así como a aquellas que boten muy al fondo de la pista. Esta empuñadura se utiliza a menudo en pistas rápidas con botes más bajos (como pistas interiores de superficie sintética, de césped artificial y de césped natural).

⌒ Empuñadura semi-este de derecha

Una de las empuñaduras más versátiles, usada por muchos jugadores expertos en su lado de derecha. Puede adaptarse a varios puntos de contacto, por lo que permite defender desde distintas posiciones. Aunque su oponente tendrá más dificultades para responder a pelotas que boten por encima de la altura de los hombros, también tendrá que ponerle a prueba con golpes cortados y con ángulo para determinar cuál es su posición más vulnerable. Analice su *swing* y su posición en pista para disponer de más información sobre sus puntos débiles.

⌒ Empuñadura oeste de derecha

Es el tipo de empuñadura más extrema. Suelen emplearla jugadores de pistas de bote alto (como las de tierra batida). Su máxima eficacia es contra pelotas de bote alto, dado que el punto de contacto ideal de esta empuñadura es más alto y cercano al cuerpo que el de las demás. Sin embargo, su oponente tendrá problemas para responder a ataques rápidos en corto, bajos y/o con ángulo.

⌒ Pelota demasiado alta para el oponente

Su oponente tendrá problemas para responder a pelotas altas. Será incapaz de generar suficiente efecto y velocidad desde su punto de contacto (la empuñadura este de derecha es más eficaz contra golpes bajos).

⌒ Pelota demasiado angulada para el oponente

Es necesario un cambio de empuñadura para golpear de revés, así que atacar con una pelota angulada a la derecha del rival para luego hacer lo mismo hacia su lado de revés puede ser una estrategia eficaz.

⌒ Pelota demasiado baja y con ángulo para el oponente

Aproveche las desventajas de la empuñadura oeste de derecha: es muy poco eficaz contra golpes rápidos jugados en corto, a poca altura o angulados.

LA EMPUÑADURA DE REVÉS DE SU OPONENTE

◯ Empuñadura este de revés

Probablemente ésta sea la empuñadura de una sola mano más popular. Permitirá a su oponente alternar con facilidad entre *liftado* y cortado, así como cambiar a otras empuñaduras para el saque, la derecha y la volea. Resulta muy eficaz contra golpes bajos y con ángulo, de modo que ponga a prueba a su oponente con pelotas de bote más alto.

◯ Empuñadura este extrema de revés

Esta versión más extrema de la empuñadura este de revés es una buena opción en pistas de bote alto. Su eficacia es máxima contra pelotas altas, ya que el punto de contacto ideal es más alto y cercano al cuerpo que en las demás empuñaduras. Sin embargo, su oponente perderá mucho tiempo para cambiar a una empuñadura de derecha, lo que le hará especialmente vulnerable a un ataque al revés, seguido de uno a la derecha en sucesión rápida.

◯ Pelota demasiado alta y profunda para el oponente

Su oponente puede tener problemas para golpear pelotas altas y profundas con potencia y control suficientes.

◯ Pelota demasiado baja y con ángulo para el oponente

Un rival que utilice una empuñadura este fuerte de revés no querrá que le ataque con golpes rápidos y cortados, a poca altura o con ángulo.

IDEAS CLAVE A CONSIDERAR

 ANALICE LA EMPUÑADURA ¿Su rival usa una empuñadura extrema para los golpes de fondo de pista? Si es así, ¿qué golpe responderá con más problemas?

 MIDA EL SWING ¿Cuál es el recorrido del *swing* de su oponente?

 COMBINE GOLPES ¿Cuál es su mejor combinación de dos golpes desde la línea de fondo?

LA EMPUÑADURA DE REVÉS A DOS MANOS DE SU OPONENTE

∩ Empuñadura a dos manos 50:50

Aquí, la mano inferior mantiene una empuñadura continental y la superior una de derecha. Esta versátil combinación permitirá a su oponente absorber la potencia del impacto y golpear la pelota cerca de su cuerpo. También hace posible disimular los golpes, y resulta útil contra los *passing shots*, así que deberá presionar a su rival mediante golpes de aproximación.

Es posible que su oponente tenga problemas para imprimir velocidad a pelotas que golpee a la altura de los hombros. Además, esta empuñadura reducirá su alcance lateral en comparación con una de una sola mano.

∩ Empuñadura a dos manos 25:75

En esta empuñadura, la mano inferior sujeta la raqueta con una empuñadura este de derecha. Es frecuente verla en jugadores inexpertos que mantienen su empuñadura de derecha y se limitan a añadir encima la otra mano para formar una empuñadura de revés.

El dominio de la mano superior permite a su oponente crear ángulos con sus golpes defensivos. Por otro lado, la empuñadura 25:75 hará difícil que pueda aportar velocidad y efecto a la pelota cuando esté bajo presión. Esta empuñadura también implica la defensa contra pelotas rápidas anguladas.

∩ Empuñadura a dos manos 75:25

En este caso, la mano inferior domina con una empuñadura este de revés (haciendo el 75 % del esfuerzo) y la superior la acompaña con una empuñadura este de derecha.

Su oponente será capaz de generar mucho efecto *liftado* y se sentirá cómodo respondiendo a pelotas de bote alto. Tendrá dificultades contra golpes con ángulo, mientras que la falta de implicación de la mano superior le dificultará la defensa contra pelotas cruzadas. Como necesitará más tiempo para alternar entre derecha y revés, puede atacar a su oponente de forma rápida a un lado y luego al contrario.

∩ Pelota demasiado alta para el oponente

Su oponente tendrá dificultades para defenderse de una pelota alta si emplea la empuñadura de revés a dos manos 50:50.

∩ Pelota demasiado rápida y angulada para el oponente

Un rival que emplee una empuñadura de revés a dos manos 25:75 tendrá dificultades para responder a pelotas que boten con velocidad y con ángulo.

∩ Fuerce el revés cruzado

Aproveche la menor implicación de la mano superior de su rival y rompa su empuñadura de revés a dos manos 75:25 forzándolo a defender en cruzado.

Explotar el *swing* de su oponente

La presión de su oponente afectará al *swing* y a la posición que utiliza cuando se defiende desde la línea de base. Usted, sin embargo, tendrá algunas pistas en cuanto a qué tipo de golpe está planificando de cerca si mira su posición.

ATACAR AL LADO DE DERECHA Los adversarios que emplean grandes *swings* en su lado de derecha acostumbran a usar muchas más partes de su cuerpo al efectuar su golpe. Esto da lugar a una cadena de movimientos más complicada, que puede explotarse empleando golpes rápidos.

Aquellos oponentes que utilicen *swings* pequeños en su lado de derecha serán más rápidos a la hora de golpear, gracias a la mayor simplicidad de su movimiento, que implica a menos partes de su cuerpo. Esto significa que serán capaces de responder a golpes rápidos con mayor facilidad. Sin embargo, tendrán dificultades a la hora de defenderse contra pelotas de bote alto, así como ante ataques con pelotas profundas, ya que su *swing* será incapaz de generar suficiente potencia en esas posiciones.

También le será de ayuda observar bien a su oponente cuando esté a punto de golpear la pelota. Por ejemplo, aquellos rivales que golpean su derecha con la pierna delantera en línea con la trasera (la denominada posición cerrada) tendrán problemas para golpear en cruzado cuando los ponga bajo presión. Esto ocurre porque su punto de contacto no se encuentra a suficiente distancia delante de su cuerpo.

⌒ Posición cerrada
Desde esta posición, su oponente tendrá dificultades para efectuar un golpe cruzado: la pelota irá en paralelo al centro de la pista.

⌒ *Swing* grande
Los oponentes que utilicen un *swing* grande tendrán problemas para preparar a tiempo la posición adecuada ante una pelota rápida.

⌒ *Swing* pequeño
A este rival le costará golpear con éxito esa pelota alta debido a su *swing* corto y bajo.

ATACAR AL LADO DE REVÉS Su rival se defenderá de formas muy diferentes en función de si emplea una empuñadura de revés a una o a dos manos. Por ejemplo, los jugadores a una mano tienden a defender con más efecto cortado que *liftado* desde su lado de revés. Esto se debe a que su *swing* es más corto y puede absorber la velocidad de la pelota entrante de forma más eficaz. El jugador a dos manos, por otro lado, aprovechará la fuerza de ambas manos para absorber su ataque y responderá más a menudo con efecto *liftado*.

CONTRA UN REVÉS A UNA MANO

QUÉ OBSERVAR

Contra un oponente que emplee un revés *liftado* a una mano, intente un ataque mediante golpes rápidos tan a menudo como pueda: el revés a una mano es un golpe preciso que obliga a su oponente a contactar con la pelota delante de su cuerpo más que el revés a dos manos.

◑ **Golpear tarde**
Este oponente tiene problemas con la velocidad de la pelota entrante: no le ha dado tiempo de tener contacto con la pelota lo bastante delante de su cuerpo.

◑ **Revés cortado**
A menudo verá que su rival imprime un efecto cortado a sus golpes de revés cuando está bajo presión. Anticipe una pelota más lenta con un bote más bajo. Esta pelota defensiva pasará lentamente sobre la red, dándole a usted la oportunidad de aproximarse y efectuar una volea ganadora.

CONTRA UN REVÉS A DOS MANOS

QUÉ OBSERVAR

Los oponentes que defiendan con un revés a dos manos tendrán dificultades para responder a pelotas que boten con ángulo. Esto se debe a que el alcance del revés a dos manos es muy inferior al de una mano.

⮑ **Una mano suelta**
Si ve que su oponente suelta una de las manos de la empuñadura, anticipe un golpe forzado de baja velocidad.

Individual: patrones de juego agresivos

Cómo y hacia dónde ataque dependerá de su estilo de juego y de sus preferencias, así como del tipo de juego de su oponente. Por consiguiente, es importante que sea capaz de combinar sus puntos fuertes mediante patrones de juego reproducibles tan a menudo como pueda, tanto en el juego individual como en dobles (*véanse* páginas 78-79).

Muchos patrones de juego eficaces empiezan con un buen saque o resto agresivo. Sin embargo, habrá ocasiones en que estos golpes no basten para lograr el control del peloteo. En esos casos deberá mantenerse alerta, en busca de oportunidades para atacar a su oponente conforme avance el peloteo, y tomar decisiones en función de su posición en pista, así como la de su rival.

ATAQUE EN PARALELO Probablemente la forma más común de atacar desde la línea de fondo sea mediante un peloteo cruzado seguido de un golpe agresivo en paralelo. Para ejecutar este ataque de forma eficaz, sus golpes cruzados deberán concederle el control del peloteo. Esto suele implicar golpes profundos o angulados consistentes y con suficiente potencia como para forzar a su oponente a responder más en corto y a poca velocidad.

ATAQUE CRUZADO Habrá momentos en que la mejor opción será un ataque cruzado. Por ejemplo, en aquellas ocasiones en que su rival haya anticipado que usted jugará una paralela. Cuando observe que su oponente se desplaza a lo largo de la pista con demasiada anticipación, una gran elección puede ser un golpe cruzado a sus espaldas.

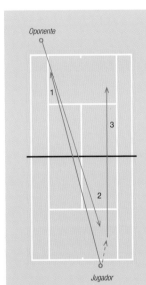

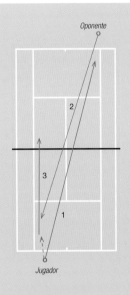

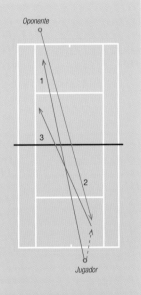

Presión y ataque en paralelo
Envíe una cruzada profunda de derecha (1) y obligue a su oponente a defenderse en corto (2). A continuación, desplácese hacia delante para atacar en paralelo con una derecha (3). Observe cómo el objetivo del golpe en paralelo no se encuentra tan al fondo de la pista como el del golpe cruzado. Esto se debe a que el cambio de dirección y la mayor velocidad de la pelota son suficientes para presionar a su oponente.

Presión y ataque con dejada
Este jugador golpea una dejada paralela (3) después de una cruzada de revés al fondo de la pista (1). A diferencia de la paralela al fondo de la pista del diagrama anterior (*superior izquierda*), en este caso el que vence al oponente es un golpe en corto.

Presión y ataque a contrapié
Si su oponente empieza a correr con demasiada antelación, dejará un gran espacio a sus espaldas, ideal para enviarle una cruzada a contrapié.

Profundo y en corto
Este jugador ha empleado una combinación de dos golpes de derecha, compuesta por un primer golpe cruzado al fondo de la pista (1), seguido de una segunda cruzada con ángulo corto (3). El ángulo del segundo golpe fuerza al oponente a salir de la pista para golpear desde fuera de ella.

Individual: patrones de juego de contraataque

Aquellos jugadores que prefieren reciclar la potencia del golpe rival a fin de realizar su propio ataque utilizan mucho las tácticas de contraataque. A menudo tienen *swings* más cortos (y dificultades para generar potencia por sí mismos) o cuentan con un golpe particularmente fuerte que efectúan de manera cómoda desde la línea de fondo.

EL ESPACIO DELIBERADO Una táctica de contraataque clásica consiste en dejar de manera intencionada un espacio abierto para que el oponente dirija su golpe hacia allí. Por ejemplo, un jugador al que le guste golpear su derecha mientras corre peloteará deliberadamente con un revés cruzado y permanecerá sobre el lado de revés de la pista, tentando a su oponente a golpear en paralelo hacia su lado de derecha.

EL CAMBIO DE DIRECCIÓN

Alternar la dirección de un peloteo es una gran forma de hacer que su oponente golpee hacia su punto fuerte en la línea de fondo. Típicamente, la gran mayoría de golpes paralelos son devueltos en cruzado. Así, golpear una pelota neutra en paralelo desde su lado más débil llevará a su oponente a mandar una cruzada hacia su lado preferido (*véase* también página 86).

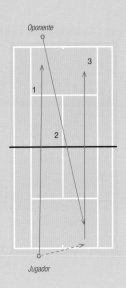

⮎ Cambio de fondo de pista
Mande un revés paralelo (1) para forzar a su rival a golpear en cruzado (2) hacia su derecha favorita. Golpear con menos velocidad y a una altura ligeramente superior le dará un poco más de tiempo para desplazarse por la pista hacia su siguiente golpe.

⌒ Use su golpe preferido
⮎ Tiente a su oponente a golpear en paralelo (2), lo que le permitirá desplazarse por la línea de fondo y golpear su derecha cruzada favorita (3) en carrera.

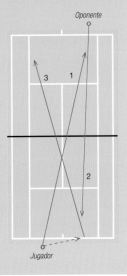

LA PELOTA LENTA Alternar la velocidad de sus golpes es otra forma de poner nervioso a su oponente. Una combinación de dos golpes, uno lento, seguido de uno rápido, puede resultar eficaz.

⌒ Combinación lento/rápido
Este jugador utiliza su revés cortado (*superior izquierda*) para ralentizar la pelota y atraer a su oponente hacia dentro de la pista. A continuación, golpea un revés agresivo *liftado* que pone a su rival bajo presión, con potencia y profundidad (*superior derecha*).

Dobles: patrones de juego agresivos

El tipo de juego de línea de fondo más común en los dobles es aquel en que ambas parejas se encuentran en formación uno arriba/uno abajo. En otras palabras, el servidor y el restador pelotean con golpes cruzados de línea de fondo con sendas parejas posicionadas en la red. Existen distintas formas de atacar desde esta situación.

GOLPE DE FONDO DE PRESIÓN Y VOLEA GANADORA Una de las principales funciones del jugador de línea de fondo es generar oportunidades para que su pareja pueda interceptar un golpe rival con una volea en la red. Pelotear en cruzado con profundidad y consistencia será una forma segura de implicar a su compañero.

ATAQUE EN PARALELO

Se trata de una gran opción si observa que su oponente se desplaza a lo largo de la pista con demasiada antelación, anticipando un golpe cruzado. En particular, los jugadores a dos manos son capaces de disimular su golpe en paralelo de forma muy efectiva, gracias a que pueden permitirse tocar la pelota un poco más tarde que un jugador a una mano. Incluso si su rival en la red no se mueve de su posición, golpear directamente hacia su cuerpo será otra buena jugada.

◖ Generar oportunidades

En dobles, el jugador de línea de fondo es el principal encargado de crear oportunidades para el juego de red ofensivo. Observe cómo el golpe defensivo del oponente puede ser interceptado por el jugador en la red.

↻ Cruzada fuerte de derecha

El jugador de línea de fondo juega una cruzada fuerte de derecha (1) que obliga a su oponente a alejarse de la pista para responder (2). Esto permite a su compañero adelantarse e interpretar el golpe con una volea ganadora desde la red (3).

Oponente

Jugador

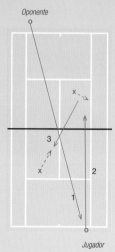

Oponente

Jugador

◖ Atacar al oponente

Ataque en paralelo directamente al cuerpo de su rival en la red (2). Fíjese en cómo el compañero en la red del jugador también se mueve hacia el oponente, anticipándose a una volea defensiva en corto (3).

Dobles: patrones de juego de contraataque

Las tácticas de contraataque son empleadas por jugadores de dobles que se sienten más cómodos peloteando desde la línea de fondo que voleando en la red. Utilizan una formación ambos atrás (ambos jugadores se encuentran sobre la línea de fondo).

La ventaja de esta formación es que los oponentes no suelen saber hacia dónde dirigir sus voleas y remates. Al verse sin objetivos en la red hacia los que mandar sus golpes, la pareja rival tenderá a buscar espacios y ángulos ganadores allí donde puede que no existan.

GLOBO PARALELO El globo agresivo es particularmente eficaz cuando su oponente en la red se encuentra muy próximo a ésta, o en aquellos casos en que usted se ve forzado a retroceder tras la línea de fondo pero conserva el control de su golpe.

Por otro lado, cuando la pelota bota en corto (más cerca de la línea de saque que de la de fondo), el globo paralelo no suele ser la mejor opción. Esto se debe a que el globo requiere cierto espacio hacia el que ser golpeado (en especial si no se golpea con mucho efecto). En estos casos, es preferible atacar esa pelota en corto con un golpe de fondo agresivo.

Incluso si usted acaba perdiendo el punto, golpear en paralelo con un *passing shot* o un globo hará que su oponente se lo piense dos veces la próxima vez que quiera interceptar uno de sus golpes. Esto puede hacer que resulte más fácil golpear en cruzado durante el resto del partido.

⋂ Formación ambos atrás
➲ Esta formación es especialmente efectiva en el caso de los jugadores de dobles que prefieren el juego de línea de fondo al de red.

En la fotografía superior se observa la desaparición de las áreas especialmente vulnerables hacia las que el adversario en la red puede mandar sus voleas.

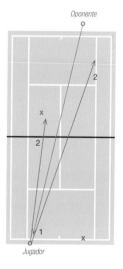

Oponente

Jugador

⋂ Globo efectivo
➲ Este jugador ha empleado el globo de forma eficaz (2); su oponente en la red se encuentra muy próximo a ésta, lo que crea un enorme espacio libre a sus espaldas.

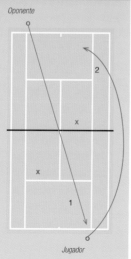

Oponente

Jugador

DEFENDER DESDE
LA LÍNEA DE FONDO

La clave de un buen juego defensivo es intentar neutralizar la amenaza rival tan pronto como sea posible: jugar más de dos golpes defensivos seguidos implicará, casi siempre, perder el punto. Entender cómo se está preparando el oponente para atacarle le ayudará a neutralizarlo con más eficacia.

Aprovechar la empuñadura del oponente

Saber detectar la empuñadura del oponente mientras éste le esté atacando será clave para una defensa efectiva, ya que cada empuñadura favorece una velocidad, un bote y un efecto de la pelota diferentes.

Para más información sobre cómo aprovechar la empuñadura del oponente: *véase* página 27 (aprovechar la empuñadura de resto); páginas 28-29 (servir contra una empuñadura a dos manos); y páginas 70-73 (atacar desde la línea de fondo).

LA EMPUÑADURA DE DERECHA DE SU OPONENTE   QUÉ OBSERVAR

Empuñadura de derecha continental
Aquellos rivales que empleen una empuñadura continental querrán atacarle con una pelota baja. Anticipe golpes muy planos (sin demasiado efecto), potentes y con un bote al fondo de la pista.

Empuñadura semi-oeste de derecha
Su oponente preferirá golpear la pelota a una altura entre la cintura y el pecho cuando utilice esta empuñadura. Le ayudará a generar un efecto *liftado*, que le permitirá golpear con ángulo y profundidad.

Empuñadura este de derecha
Esta empuñadura hará que su oponente intente atacar pelotas cortas a la altura de la cintura. Aunque podrá generar cierto efecto *liftado*, sus principales armas deberán ser la potencia y la profundidad.

Empuñadura oeste de derecha
Este jugador se sentirá cómodo contra pelotas a la altura de los hombros y atacará con mucho efecto *liftado*. Anticipe botes altos en su lado de la pista; una posición más retrasada puede resultarle útil.

⌒ Empuñadura este de revés

Este oponente preferirá golpear a una altura entre la rodilla y la cintura. Será capaz de golpear con efecto *liftado* y potencia, especialmente contra pelotas cortas hacia las que pueda correr.

⌒ Empuñadura este fuerte de revés

Con esta empuñadura, su adversario podrá golpear pelotas de bote alto (entre la cintura y los hombros) con efecto *liftado*. Anticipe botes altos en su lado de la pista; es recomendable adoptar una posición más retrasada a la hora de defender.

⌒ Empuñadura de revés a dos manos 50:50

Este oponente contará con varias opciones a la hora de atacar. Generalmente intentará contactar con la pelota dentro de la línea de fondo (reciclando la velocidad del golpe que usted le envíe), y será capaz de manejar pelotas de bote alto gracias a la fuerza añadida que proporcionan las dos manos sobre la raqueta.

⌒ Empuñadura de revés a dos manos 25:75

La falta de implicación de la mano inferior permite que la superior sea la que domine en este revés. El rival golpeará plano y con potencia, y podrá generar ángulos complicados a partir de pelotas de bote alto.

⌒ Empuñadura de revés a dos manos 75:25

La mano inferior es ahora la dominante y permite al oponente golpear con más efecto *liftado* que cualquier otra empuñadura a dos manos. Además, será capaz de atacar cómodamente contra pelotas de bote alto. Los golpes mal coordinados tendrán una mayor probabilidad de salir en paralelo.

IDEAS CLAVE A CONSIDERAR

 ¿A QUÉ ALTURA? Fíjese en la altura a la que su oponente prefiere golpear la pelota a la hora de atacar desde la línea de fondo.

 FÍJESE EN LAS CUERDAS Observar detenidamente las cuerdas de la raqueta del rival a menudo le indicará la dirección de su próximo golpe.

Leer el *swing* del oponente

Observar el *swing* de su oponente, así como su posición en la pista, le proporcionará muchas indicaciones tácticas acerca de cómo y hacia dónde puede estar planeando su ataque.

DEFENSA CONTRA UNA DERECHA AGRESIVA

Muchos jugadores prefieren atacar con golpes de derecha. Implicar más partes del cuerpo en una sucesión de movimientos más larga y compleja genera una mayor velocidad de la cabeza de la raqueta que, a su vez, da lugar a potencia y efecto. Esto es más difícil de conseguir golpeando de revés. Su posición en pista es crucial a la hora de defenderse de este tipo de golpe. Adoptar una posición más retrasada puede concederle un poco más de tiempo para reaccionar, aunque será importante recuperar una posición más neutral en cuanto sea posible.

Los oponentes que utilicen un *swing* más pequeño en su lado de derecha tenderán a presionarle mediante una posición en pista agresiva. Aprovecharán la potencia de los golpes que les mande para responder con velocidad, esperando que no pueda alcanzar la pelota a tiempo. En este caso, una rápida preparación de sus golpes será más importante que la potencia que logre imprimirles.

ATAQUE DE DERECHA

QUÉ OBSERVAR

⌒ Atacar con potencia
Un oponente que emplee una sucesión de movimientos larga y bien coordinada podrá atacar con más potencia y efecto.

⌒ Atacar con precisión
Un oponente que emplee un *swing* corto usará la presión temporal y la precisión para presionarle.

LA POSICIÓN DE SU OPONENTE

QUÉ OBSERVAR

⌒ Atacar con una posición cerrada
Un oponente que utilice una posición cerrada para golpear su derecha (su pie delantero está en línea con el trasero) tenderá a atacar en paralelo o hacia el centro de la pista antes que en cruzado.

⌒ Atacar con una posición semiabierta
Un oponente que utilice una posición semiabierta contará con un abanico de opciones más amplio. Deberá fijarse en su empuñadura, posición en pista y tácticas de ataque anteriores.

DEFENSA CONTRA UN REVÉS
AGRESIVO Los oponentes atacarán de formas muy distintas dependiendo de si emplean una empuñadura de revés a una o a dos manos. En general, el jugador a una mano contará con una selección de golpes más variada (*liftado*, cortado, con ángulo corto, dejada), mientras que el jugador a dos manos tendrá más facilidad para golpear la pelota con antelación, de forma más precisa y disimulando mejor el tipo de golpe.

Cuando un jugador a una mano use un golpe cortado para atacar, observará que la cabeza de la raqueta se eleva ligeramente sobre la pelota antes de producirse el contacto; deberá prepararse para un bote bajo en su lado de la pista. A veces también podrá detectar la dirección del golpe cortado fijándose en el ángulo de la raqueta de su oponente justo antes de que entre en contacto con la pelota.

LEER LA DIRECCIÓN   **QUÉ OBSERVAR**

◯ **Golpear cruzado**
Este oponente está preparándose para un golpe cruzado. Las cuerdas de su raqueta están en ángulo respecto a la pista en el momento en que se dispone a golpear el lado exterior de la pelota. Observe cómo su brazo auxiliar está pegado al cuerpo para facilitar la rotación del mismo que implica el golpe cruzado.

◯ **Golpear en paralelo**
Este oponente se dispone a golpear en paralelo. Observe cómo conserva su brazo auxiliar detrás de él para ayudarle a mantener el equilibrio y prevenir la rotación excesiva del cuerpo durante el golpe.

ATAQUE DE REVÉS   **QUÉ OBSERVAR**

◯ **Revés *liftado***
Es posible advertir que un adversario va a efectuar un revés *liftado* a una mano si la cara de su raqueta mira hacia el lado de la pista mientras carga su *swing*.

◯ **Revés con posición cerrada**
Tanto el revés a una mano (*superior izquierda*) como el revés a dos manos (*superior derecha*) tienen una mayor probabilidad de ser golpeados en paralelo o hacia el centro de la pista que en cruzado cuando se ejecutan usando una posición cerrada.

Los patrones de juego como herramienta defensiva

Existe una serie de secuencias de golpes a las que puede recurrir cuando se encuentre bajo presión para incrementar sus probabilidades de recuperar el control del juego.

INDIVIDUAL

DEFENSA CONTRA UN ATAQUE EN PARALELO

Conseguir tiempo adicional para posicionarse es la clave de una buena defensa contra un ataque en paralelo. Así, es recomendable jugar un golpe alto y profundo, ya sea en cruzado o hacia el centro de la pista. Siempre y cuando su oponente decida seguir sobre la línea de fondo, este tipo de golpe le dará más tiempo para posicionarse a la espera de su siguiente jugada. Además, reduce el ángulo disponible para el siguiente golpe de su oponente y se ejecuta con el mayor margen de error posible (sobre la parte más baja de la red y hacia el área más amplia de la pista).

➲ **Reducir la velocidad de la pelota**
Este jugador manda una pelota cortada hacia el área central del fondo de la pista (3). Utiliza el efecto cortado para ralentizar la pelota y ganar una fracción de segundo adicional para recuperar el centro.

Oponente

Jugador

PREVENIR EL ATAQUE A CONTRAPIÉ

Es importante no anticiparse con demasiada antelación al ataque en paralelo que se muestra en el diagrama superior. En ese caso, el rival podría aprovechar para devolver la pelota detrás de usted y ganar el punto. El uso de un saltito o *split-step* bien coordinado en el momento en que su oponente esté a punto de tocar la pelota le garantizará un buen equilibrio y una reacción rápida para desplazarse en cualquier dirección. Esta regla es aplicable incluso si se encuentra en una posición completamente desfavorable.

DEFENSA CONTRA EL ÁNGULO CORTO

El golpe de fondo de pista con ángulo corto tenderá a empujarle hacia delante y en lateral. Procure ir directo a por la pelota y evite darle demasiado ángulo a su oponente para jugar su siguiente golpe.

Oponente

Jugador

➲ **Devolución centrada al fondo**
Este jugador ha ido directo a por la pelota corta y con ángulo (1) y ha respondido con un golpe centrado al fondo de la pista (2).

DEFENSA CONTRA LA DEJADA

La primera regla es alcanzar la pelota tan deprisa como pueda. Si es capaz de devolver el golpe, sus opciones dependerán de la posición de su rival. Si ve que se encuentra sobre la línea de fondo, jugar otra dejada será una buena elección. Si resulta demasiado complicado, cualquier tipo de golpe profundo al centro de la pista será ideal. Finalmente, si su oponente se aproxima a la red, puede que un globo o un golpe al cuerpo funcionen bien.

🎧 **Responder con una dejada**
Jugar una dejada de vuelta resultará útil contra un adversario que permanezca sobre la línea de fondo.

EJERCICIO: limite los golpes defensivos

Durante el entrenamiento, permítase sólo dos golpes defensivos consecutivos para recuperar una posición neutral; de lo contrario, perderá el punto.

DOBLES

RESPONDER A UNA CRUZADA DE PRESIÓN

Es crucial defender eficazmente cuando se encuentren en una formación uno arriba/uno abajo. Esta formación aparecerá con frecuencia cuando su rival en la línea de fondo efectúe un golpe de fondo cruzado que le fuerce a usted a salir por el lateral y/o el fondo de la pista para alcanzar la pelota. En esa situación, su oponente en la red esperará interceptar su devolución con una volea ganadora.

Lo primero que debe observar es si su oponente en la red inicia el movimiento de anticipación demasiado pronto. En caso afirmativo, un golpe en paralelo será una excelente elección.

Asimismo, para ganar tiempo, puede optar por jugar un globo paralelo cuando se encuentre bajo la presión de una cruzada agresiva.

⌒ Hacia delante

El globo (2) pasa sobre la cabeza del oponente en la red, lo que permite al jugador moverse hacia delante.

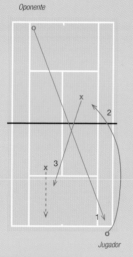

⌒ Defensa contra un globo corto

Su compañero deberá moverse con rapidez hacia atrás para defender un globo corto (2).

⌒ Demasiado pronto

El oponente en la red ha empezado a moverse con demasiada antelación, generando un espacio que el jugador aprovecha para mandar un golpe en paralelo (2).

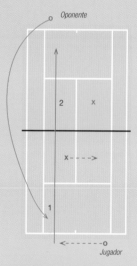

⌒ Defensa contra un globo paralelo

Cuando su compañero en la red haya sido superado por un globo en paralelo procedente del rival sobre la línea de fondo (1), será fundamental que ambos coordinen una defensa. La mejor forma será cambiar lados con su compañero: usted se desplazará sobre la línea de fondo para jugar un golpe de fondo en paralelo (2), mientras que su compañero deberá moverse lateralmente para quedar frente al rival en la red.

CONSEJO: mejorar la anticipación

Si sabe que su compañero pretende efectuar un globo, incline ligeramente su cuerpo para poder seguir más fácilmente el recorrido de la pelota. Esto le permitirá actuar con más rapidez tras el golpe de su pareja.

3 PELOTEAR DESDE LA LÍNEA DE FONDO

«Peloteo» hace referencia a los momentos de un juego en los que ninguno de los jugadores (o equipos, en dobles) cuenta con una ventaja sobre el otro. La capacidad de pelotear es fundamental en el tenis: concede la oportunidad de detectar los puntos fuertes y débiles del oponente, así como de posicionarse de la mejor forma posible para el siguiente golpe.

PELOTEAR AL INICIO Pelotear al principio de un partido es especialmente importante. Por lo general, usted no sabrá cómo se siente o qué piensa su oponente con respecto al partido, de modo que empezar con un juego consistente y sin forzar demasiado será una decisión inteligente.

EJERCICIO: puntuación alternativa

Juegue sus puntos de entrenamiento empleando un sistema de puntuación ponderado a fin de promover el peloteo desde la línea de fondo. Un error no forzado por parte de su oponente vale 3 puntos, un error forzado 2 y un golpe ganador 1.

EVITAR EL PUNTO FUERTE DEL OPONENTE Esta estrategia se emplea cuando se quiere evitar uno de los puntos fuertes del rival desde la línea de fondo. Requiere golpear con precisión al lado contrario del oponente, o bien efectuar un tipo de golpe específico que le impida ejecutar cómodamente el golpe que se quiere evitar. Cuando juegue contra un oponente con una derecha potente, pelotear en lateral hacia su lado de derecha abrirá un gran espacio en su lado de izquierda, hacia el que usted podrá mandar su siguiente golpe.

EL GOLPE DE CAMBIO Un cambio en la dirección de la pelota cuando se encuentre peloteando desde la línea de fondo pondrá a prueba a su oponente, sobre todo si no es demasiado ágil. Esto implicará golpear cruzado y luego en paralelo sin añadir velocidad, efecto o precisión a la pelota. Se sorprenderá de cuántas oportunidades ofensivas creará al ejecutar correctamente esta táctica.

Patrón de juego: evitar la derecha
Este jugador evita la derecha de su oponente golpeando con ángulo hacia ésta en sólo una ocasión (1), para después pasar rápidamente a jugar hacia su lado de revés (3).

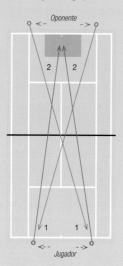

Patrón de juego: pelotear hacia el centro
Si su oponente tiene una derecha y un revés de igual potencia, pelotee hacia el centro de la pista a fin de limitar el espacio y el ángulo disponibles para su siguiente golpe (2).

↺ Oportunidad de ataque
Este jugador golpea un revés cortado en paralelo, pero su oponente ha anticipado una cruzada en su lugar. Esto genera una oportunidad ofensiva casi sin esfuerzo.

PELOTEAR CON PELOTAS BASURA Una divertida táctica de peloteo que puede poner muy nervioso a su rival es jugar desde la línea de fondo cambiando constantemente el ritmo, efecto y profundidad de sus golpes. Esto es muy eficaz contra un oponente que desee encontrar un ritmo de juego constante: lo dejará descolocado y puede que incluso lo enfurezca.

PELOTEAR CON GOLPES LENTOS Muchos oponentes prefieren jugar empleando golpes a un ritmo constante. Esto es particularmente cierto en el caso de los jugadores a dos manos y los de contraataque que juegan desde la línea de fondo o cerca de ella. En esta situación, reducir la velocidad de sus golpes al pelotear será una buena forma de frustrarlos y limitar su capacidad ofensiva.

PELOTEAR CON GOLPES CORTADOS Una pelota cortada es un gran golpe de peloteo: mantiene su posición en el juego debido a la gran dificultad que implica responderla de forma ofensiva. Es muy útil contra oponentes con empuñaduras extremas (el bote bajo les impedirá atacar de manera más eficaz) y su velocidad ligeramente reducida le proporcionará un poco más de tiempo para preparar su siguiente jugada.

IDEAS CLAVE A CONSIDERAR

➤ **¿ESTÁ NERVIOSO?** ¿Puede apreciar el grado de nerviosismo de su oponente?

➤ **¿QUÉ PREFIERE?** Fíjese en el golpe favorito de su oponente y trate de evitarlo en los momentos clave.

➤ **ALTERNE SU JUEGO** ¿Cómo puede alternar su forma de jugar para frustrar al máximo a su rival?

↪ **Peloteo cortado**
Use un revés cortado para cambiar el ritmo del juego y frustrar a su oponente.

CONSEJO: control, no potencia

Practique el juego de «control, no potencia». Juegue puntos de entrenamiento donde ninguno de los jugadores pueda golpear con velocidad: los puntos sólo podrán ganarse mediante golpes precisos y variados. Esto permite mejorar el posicionamiento en pista y el control de la pelota.

juego en la red

El juego en la red es uno de los aspectos más emocionantes del tenis, con peloteos rápidos y dinámicos que pueden cambiar en un instante la dirección del partido. Aunque el tiempo de preparación es menor que cuando se juega desde la línea de fondo, un jugador experimentado buscará pistas visuales que le permitan anticipar el golpe de su oponente. Este capítulo le mostrará cómo detectar estas pistas, así como el tipo de golpes de aproximación que puede emplear para limitar las opciones de su rival de efectuar un *passing shot*. También le sugerirá cómo mantener una posición de red positiva tanto en el juego individual como en dobles, incluso si se encuentra bajo presión.

1 Aproximación a la red en individual

Descubra los distintos golpes de aproximación que puede utilizar, con ciertos énfasis en los mejores golpes para limitar al máximo las opciones de su rival.

Véanse *páginas 90–95*

2 Aproximación a la red en dobles

Esta sección le mostrará los distintos patrones de juego que su equipo puede adoptar, en función de su posición en pista y de las intenciones del equipo rival.

Véanse *páginas 96–101*

3 Ganar en la red bajo presión

Descubra cómo recuperarse en aquellas situaciones en que su oponente se haya hecho con el control del juego durante un peloteo, tanto en juego individual como en dobles.

Véanse *páginas 102–103*

APROXIMACIÓN A LA RED
EN INDIVIDUAL

Existen dos formas de aproximarse a la red: la aproximación planeada y la instintiva. La primera es aquella en que la decisión de correr tras la pelota hacia la red se toma antes de golpearla. Una aproximación instintiva, en cambio, es aquella en que la decisión de correr hacia la red tiene lugar después de ejecutar el golpe. Ambas tácticas pueden resultar efectivas, pero cada una requiere dominar un conjunto de habilidades completamente diferente.

Patrones de juego individual: la aproximación planeada

La aproximación planeada es la forma más tradicional de aproximarse a la red. Deberá planear su aproximación con antelación y determinar cuál será el golpe con el que probablemente responda su rival.

Puede planear aproximarse a la red incluso antes del inicio del punto. Por ejemplo, puede decidir sacar y subir para volear; aproximarse a la red tras un segundo saque, o acercarse mediante un revés cortado de fondo de pista contra la primera pelota que caiga dentro de la línea de servicio. Habrá determinado todas estas estrategias antes del primer golpe. También puede decidir durante el punto en curso que su siguiente golpe será de aproximación; sigue tratándose de una aproximación planeada, pero habrá contado con menos tiempo para tomar la decisión.

APROXIMACIÓN EN PARALELO La aproximación planeada en paralelo es una de las formas más populares de adelantarse hacia la red desde la línea de fondo. Le permitirá reducir las opciones de su rival y mantener cubierta la mayor parte de áreas de la pista.

La única zona de pista que dejará descubierta será la del *passing shot* cruzado, un golpe extremadamente difícil para un oponente bajo presión. Consciente de lo anterior, se moverá directo hacia la red, tras la pelota, en lugar de ir a cubrir el centro.

Oponente

2

➲ **En paralelo y tras la pelota**
La jugadora se aproxima a la red tras golpear un revés de fondo de pista en paralelo (2). A continuación, sigue la trayectoria de la pelota, lo que implica cubrir el lado izquierdo y el centro de la pista y dejar el lado derecho descubierto.

1

Jugadora

IDEAS CLAVE A CONSIDERAR

PLANEE SU ATAQUE Planifique con antelación en función de las ventajas y carencias de su oponente. Fíjese en el tamaño de su *swing*, la empuñadura que utiliza y su posición sobre la línea de fondo.

SEA ASTUTO Aproxímese a la red de forma instintiva cuando advierta que su oponente está bajo presión. Si la cara de la raqueta rival mira hacia arriba en el momento del golpe, puede anticipar una pelota más lenta por parte de su oponente.

APROXIMACIÓN CRUZADA

Aproximarse en cruzado requiere más cautela que hacerlo en paralelo, ya que si el oponente no está bajo suficiente presión, se genera un mayor espacio desprotegido.

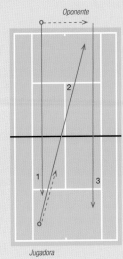

↪ **Aproximación con cruzada profunda**
Esta jugadora no ha puesto a su oponente bajo suficiente presión (2) y es castigada con un *passing shot* ganador en paralelo (3).

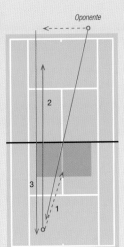

🎧 **Paralela y al medio**
Tiene lugar el mismo revés de fondo de aproximación en paralelo (2), pero en esta ocasión la jugadora se desplaza automáticamente hacia el centro de la red en lugar de seguir la pelota. Esto deja su lado izquierdo demasiado expuesto. Un golpe en paralelo (3) puede ser la mejor elección de la oponente si se encuentra bajo presión.

🎧↪ **Aproximación con cruzada con ángulo**
Esta oponente se ve presionada por un golpe de aproximación en corto y con ángulo (2), que le permite acercarse a la red para mandar una volea ganadora hacia el espacio descubierto de la pista rival (4). La cruzada de aproximación con ángulo corto suele ser más efectiva que su versión con ángulo largo, debido a su capacidad para arrastrar a la oponente hacia delante y hacia el lado de la pista. Los jugadores con un revés cortado a una mano ejecutarán bien este golpe. Aquí, la jugadora espera finalizar el punto tras presionar a su oponente con el ángulo corto de su golpe de aproximación.

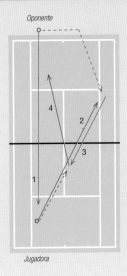

APROXIMACIÓN POR EL CENTRO la aproximación por el centro de la pista le permite reducir las opciones de su oponente de ejecutar un *passing shot*, a la vez que mantiene cubierta la mayor parte de la pista. Se trata de un recurso que emplean con frecuencia los jugadores experimentados cuando se ven empujados hacia la misma por una pelota en corto, o cuando quieren aproximarse a la red contra un oponente que prefiere pelotas anguladas (un jugador de contraataque o de mucha estatura, por ejemplo). La aproximación centrada también se usa como táctica sorpresa cuando un jugador intuye que su oponente se está poniendo nervioso y quiere forzarlo a jugar un *passing shot*.

Del mismo modo que con la aproximación en paralelo (*véase* página 90), seguir la trayectoria del golpe de aproximación es una buena estrategia. Esto significa cubrir el centro de la pista mientras se dejan expuestos los dos espacios laterales, que resultan muy difíciles de aprovechar desde la posición centrada de su oponente.

Si observa que éste está muy por detrás de la línea de fondo, una buena opción será un golpe de aproximación centrado y en corto. No es lo mismo que una dejada (*véase* página 59) porque no llega a golpearse tan cerca de la red.

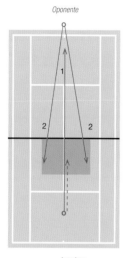

Oponente

Jugadora

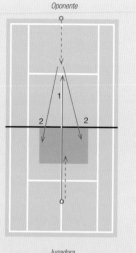

Oponente

Jugadora

♦ Aproximación centrada al fondo

Un golpe de aproximación profundo hacia el centro de la pista (1) reduce notablemente las posibilidades de que su oponente juegue un *passing shot* (2). El único espacio sobre la pista se encuentra hacia los laterales y por detrás de usted. Como resultado, es importante estar preparado para cubrir un globo.

♦ PASO 1: la jugadora se desplaza hacia delante tras el primer golpe de aproximación en corto Esta jugadora está aproximándose por el centro de la pista mediante un revés en corto con efecto cortado. El bote de la pelota será bajo y hará muy difícil que la oponente pueda golpear un *passing shot* efectivo.

♦ PASO 2: la jugadora adopta una posición próxima a la red
Observe cómo esta jugadora se ha aproximado a la red anticipando un golpe defensivo de su oponente.

♦ Aproximación centrada
♻ en corto

Una ventaja de usar la aproximación centrada en corto en lugar de la aproximación centrada al fondo es que acostumbra a impedir que la oponente juegue un globo. Esto sucede porque, como está tan próxima a la red, su rival cuenta con mucho menos espacio a sus espaldas hacia el que mandar la pelota. Observe cómo la aproximación centrada en corto (1) reduce el espacio a los lados y por encima de la jugadora.

OTROS GOLPES DE APROXIMACIÓN

PLANEADA Fíjese bien en la empuñadura de su oponente, la forma de su *swing* y su posición en la pista para descubrir otros modos de aproximarse a la red. Por ejemplo, aquellos oponentes que empleen una empuñadura continental o este de derecha no se sentirán cómodos frente a pelotas de bote alto (buscarán contactar con la pelota a una altura menor). Por tanto, puede que resulte eficaz un *loop* agresivo con efecto *liftado*.

↻ **Aproximación con pelota alta**
El bote alto de esta pelota no solamente pone a la rival bajo presión, sino que además concede a la jugadora atacante un valioso tiempo adicional para aproximarse a la red.

↻ **Aproximación con potencia**
Una oponente que emplee *swings* grandes en sus golpes de fondo de pista tendrá dificultades para responder a un golpe de aproximación rápido porque tendrá menos tiempo para preparar sus *swings*. Cuanto más deprisa mande su golpe de aproximación, con más rapidez volverá hacia usted.

EJERCICIO: primero el último

Un buen ejercicio para ayudarle a desarrollar patrones de juego de red ganadores es empezar a entrenar por el último golpe de un peloteo. Practique la forma ideal en que querría acabar sus puntos de red (remate, volea sueca o volea) y trabaje desde ahí hasta llegar al principio del punto. ¿Qué golpe necesitaría jugar antes de su volea ganadora? ¿Qué tipo de servicio o resto golpearía para crear esa oportunidad?

↻ **Golpe de aproximación corto y bajo**
A esta oponente le está costando responder a un golpe de aproximación corto y bajo y, como consecuencia, es probable que responda con una pelota corta y alta.

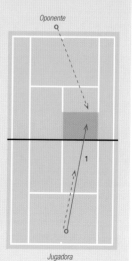

Oponente

1

↻ **Cerrar espacios**
Reduzca las opciones de su oponente posicionándose en la red tras un golpe de aproximación corto y bajo (1).

Jugadora

Patrones de juego individual: la aproximación instintiva

Con la aproximación anticipada tendrá que tomar la decisión de desplazarse hacia la red una vez haya efectuado su golpe. Tal vez intuya que su oponente está bajo presión y decida lanzarse hacia delante a por una volea o un remate como siguiente golpe. Esta táctica «sigilosa» requiere una buena capacidad de anticipación, así como una predicción adecuada del próximo golpe de la rival.

Los jugadores más experimentados tenderán a «escurrirse» hacia la red una vez hayan leído la posición de su oponente (anticipación táctica, *véase* página 14) y la preparación de su golpe (anticipación técnica, *véase* página 15). Si están completamente seguros de que su rival tendrá problemas, por lo general empezarán la aproximación sin esperarse a observar la ejecución del golpe.

QUÉ OBSERVAR

APROXIMACIÓN SIGILOSA HACIA EL LADO DE REVÉS

Esta popular táctica resultará especialmente eficaz contra los jugadores a dos manos que se hayan visto obligados a soltar una de las manos de la empuñadura para poder devolver la pelota. Si ha ocurrido eso en el último movimiento de su oponente, casi con seguridad devolverá un golpe débil.

↻ **La posición en pista de su oponente**

Observe desde dónde está ejecutando el golpe su rival. Esto le indicará si puede aproximarse a la red antes de su próximo golpe. Fíjese en la posición retrasada y angulada de esta rival sobre la pista, así como en su postura curvada, que indica que está bajo presión.

↷ **Ángulo de la cara de la raqueta del oponente**

Intente detectar el ángulo de la cara de la raqueta de su rival en el momento previo al impacto con la pelota. Una cara de la raqueta que mire hacia arriba tenderá a indicar una pelota alta y lenta, perfecta para golpear con una volea.

↪ **Advierta las características de la trayectoria de la pelota**

En el momento en que su rival efectúe el golpe, intente advertir si la pelota sale lo bastante alta y lenta como para permitir una volea. Si responde con velocidad, quizás pueda golpear la pelota antes de que bote.

APROXIMACIÓN SIGILOSA HACIA EL LADO DE DERECHA

Aproximarse con un golpe hacia el lado de derecha también es una táctica efectiva, siempre que ponga a su oponente bajo suficiente presión. Recuerde que muchos oponentes tienden a preferir este lado de la pista, y que la mayoría contará con un alcance mayor a la hora de defender.

Elija su volea

La volea sigilosa: aprovechando que su oponente se encuentra defendiendo tras la línea de fondo, muchos jugadores optan por una volea con ángulo corto para aproximarse a la red. Esto obliga a su rival a cubrir el mayor recorrido posible de pista en un tiempo muy limitado.

La volea sueca: cuanto más tarde en decidir su aproximación, menos pista podrá cubrir cuando empiece a avanzar. En esta situación, una volea sueca (efectuada con un *swing* más largo, parecido al de un golpe de fondo) puede ser su mejor opción.

QUÉ OBSERVAR

↻ La posición en pista de su oponente

Lo retrasada y apartada del centro de la pista que se encuentre su oponente determinará enormemente su capacidad para defenderse. Esta rival está demasiado atrás y hacia un lado de la pista como para defenderse con potencia. En este caso, una aproximación sigilosa hacia la red sería una decisión inteligente.

EJERCICIO: premio al sigilo

Conceda puntos por reconocer la oportunidad de una aproximación sigilosa, incluso si acaba por perder el punto. Ganar mediante una aproximación sigilosa le concederá 2 puntos; perder intentando una aproximación sigilosa impedirá a su oponente sumar el punto que le correspondería (ambos ganarán 1 punto).

↻ Ángulo de la raqueta de la oponente

La mayor parte de derechas se ejecutan con algún tipo de efecto *liftado*, de modo que un oponente cuya raqueta mire hacia arriba en el momento de contactar con la pelota estará, probablemente, a punto de jugar un golpe defensivo. Ésta podría ser una pelota fácil de volear.

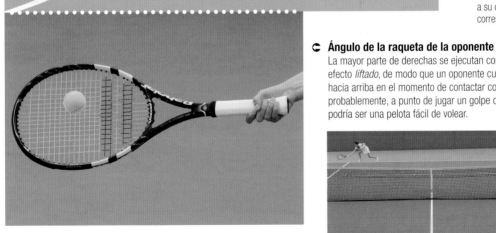

➲ Advierta las características y trayectorias de la pelota

Detectar correctamente la altura, la velocidad y la dirección del golpe defensivo de su rival le indicará hacia dónde debería moverse a continuación. Si su oponente se encuentra bajo mucha presión, desplazarse hacia delante será una elección inteligente incluso si no logra volear la pelota; tal vez se trate de un golpe muy corto, de modo que un golpe de fondo agresivo podrá resultar tan efectivo como una volea.

APROXIMACIÓN A LA RED
EN DOBLES

Un buen juego de red es fundamental en dobles, ya que la falta de espacios sobre la pista hace que muchos puntos se ganen o se pierdan en la red. Por esta razón, la mayor parte de las estrategias de dobles se centra en tomar el control de esta área de la pista.

Patrones de juego de dobles: la aproximación planeada

La aproximación planeada en dobles tal vez sea la táctica más utilizada en tenis. En una pista de dobles, ambos equipos empiezan en la formación uno arriba/uno abajo, diseñada específicamente para adueñarse de la red. Deberá coordinarse bien con su pareja para moverse codo con codo; es decir, hacia delante, atrás o a los lados como una unidad, a fin de evitar la creación de espacios peligrosos entre ustedes.

EL SAQUE-VOLEA PLANEADO La jugadora al saque inicia su aproximación a la red después de efectuar su servicio; habitualmente es un primer saque, si bien también puede tratarse de un segundo. Un efecto *liftado* en el segundo servicio hará que la pelota bote alta en el campo rival, concediéndole una fracción de segundo adicional para adoptar una posición adecuada. Si observa que la oponente al resto se encuentra muy próxima al centro de la línea de fondo, un servicio angulado, seguido de una aproximación a la red, puede ser la elección más adecuada. Como alternativa, puede efectuar un saque-volea hacia el centro a fin de reducir el ángulo de devolución disponible para su oponente. Esta falta de ángulo significa que usted y su pareja pueden mantener una formación próxima a la red con una elevada probabilidad de dominar el centro de la pista. Esta posición forzará a sus oponentes a golpear un globo o buscar el cuerpo.

◑ Movimiento coordinado
Esta servidora y su pareja se mueven en equipo en la dirección del servicio, evitando así ampliar el espacio de pista que las separa.

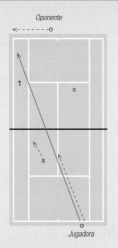

➲ Saque abierto desde el lado de iguales
Este servicio ha sido golpeado con ángulo desde el lado de iguales. A continuación, la servidora sigue la trayectoria de su servicio hasta situarse en el lado izquierdo de la red.

Oponente

Jugadora

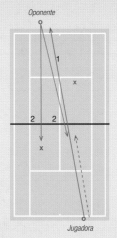

Oponente

Jugadora

◑ Saque centrado desde
⮂ el lado de iguales
Este servicio ha sido golpeado hacia el medio de la pista desde el lado de iguales (1). A continuación, la servidora se desplaza hacia delante y adopta una posición de red central junto a su compañera; el resto más probable irá dirigido hacia algún lugar del medio de la pista (2).

La fotografía superior muestra cómo el saque al centro permite a la pareja mantener el control de la pista.

USAR EL *CHIP AND CHARGE O* RESTAR Y SUBIR En esta táctica, un oponente efectúa un resto cruzado e inmediatamente se une a su compañero en la red. Por lo general será una aproximación planeada y funcionará bien contra un segundo saque débil. La táctica del *chip and charge* es una buena forma de contrarrestar oponentes propensos a aproximarse a la red y a los que no les guste sentirse presionados, o que cuenten con algún golpe particularmente débil. Efectúe su resto con efecto *liftado* o cortado dependiendo de cuál de los dos crea que va a dar más problemas a sus rivales.

IDEAS CLAVE A CONSIDERAR

➤ **CODO CON CODO** Alinéese bien con su pareja cuando ambos se encuentren en la red.

➤ **ENSAYE JUGADAS** Intente planear una combinación de sus mejores golpes para aproximarse a la red.

➤ **ÚNASE A SU PAREJA** Fíjese en el ángulo de la raqueta de su rival, la presión bajo la que se encuentra y el tipo de pelota que se dispone a devolverle para decidir si puede sumarse a su pareja en la red.

PASO 1: la jugadora usa un resto de bloqueo
Esta jugadora recurre al resto de bloqueo: cruza la pista más despacio y le concede más tiempo de aproximación.

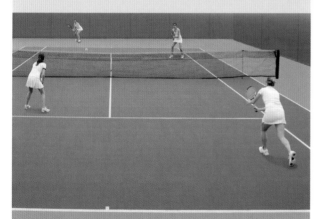

PASO 2: la jugadora se suma a su pareja en la red
A continuación, la restadora sigue la trayectoria de su resto para unirse a su compañera en la red.

FORMACIONES DE DOBLES

Jugadoras alineadas codo con codo
Es crucial desplazarse como una unidad durante la aproximación y el juego de red.

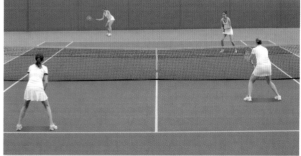

Jugadoras demasiado separadas
Estas jugadoras están posicionadas en diagonal y demasiado lejos la una de la otra.

APROXIMACIÓN CON GOLPE DE LÍNEA DE FONDO Igual que ocurre en el juego individual, habrá ocasiones en que ni servicio ni resto generarán una buena oportunidad de aproximación a la red para ninguno de los dos equipos. En este caso, se iniciará un peloteo cruzado entre el servidor y el restador. Ambos jugadores tendrán, entonces, la posibilidad de aproximarse a la red tras un golpe desde la línea de fondo.

Acercarse con un golpe cruzado es más seguro en dobles que en individuales porque el compañero cubre el posible «passing shot» paralelo. Por lo tanto, es posible utilizar diversos enfoques basados en lo que se ve en el otro extremo de la cancha.

CRUZADA PROFUNDA

Golpear cruzado y al fondo siempre genera la posibilidad de aproximarse a la red. La profundidad del golpe concede tiempo adicional para acercarse a la red, a la vez que impide que su oponente sea demasiado agresivo en su devolución.

Elija un golpe más alto y con efecto contra un rival que use una empuñadura más plana, como la continental o la este de derecha. También puede optar por un golpe de aproximación profundo pero de bote bajo contra aquellos oponentes que utilicen una empuñadura más extrema, como la oeste de derecha o la este fuerte de revés. En ambos casos, procure golpear en la red a suficiente distancia del oponente para impedir que juegue una volea de intercepción.

CRUZADA EN CORTO

Si observa que su oponente en la línea de fondo se encuentra muy retrasado, o si utiliza una empuñadura extrema, una cruzada corta y baja será otra forma excelente de aproximarse a la red; si la ejecuta adecuadamente, es muy probable que la devolución de su oponente sea alta y lenta, lo que le permitirá ejecutar a continuación una volea ganadora.

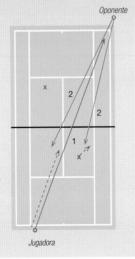

Loop alto de aproximación
Juegue un *loop* alto cruzado como golpe de aproximación para sumarse a su compañera en la red (1). Su rival tendrá problemas para responder a la altura y al bote de su golpe (2).

Oponente

Jugadora

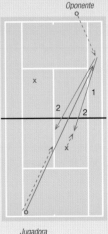

Golpe de aproximación con ángulo
Ejecute un revés cortado, bajo y con ángulo (1), para forzar a su oponente a responder con un golpe defensivo (2), que usted o su compañera pueden volear o rematar desde la red para ganar el punto.

Oponente

Jugadora

APROXIMACIÓN CON GLOBO EN PARALELO El globo en paralelo es un excelente método de aproximación que puede usarse tanto en el resto como en un peloteo cruzado de línea de fondo. Tiene potencial para crear confusión en el equipo rival, ya que obliga a ambos oponentes a intercambiar posiciones. Resulta útil cuando su oponente se encuentra demasiado cerca de la red, si sabe que éste cuenta con un remate débil o, simplemente, si desea cambiar el ritmo del partido.

Si emplea el globo en el resto, informe con antelación a su compañero para que pueda colocarse de manera adecuada. Así, si usted juega un buen globo, él saldrá directo hacia la red; si su globo es deficiente, procederá automáticamente a retrasar su posición para intentar defender el inevitable remate rival.

Para más información sobre el juego de red en dobles, *véanse* páginas 100-101 y página 103.

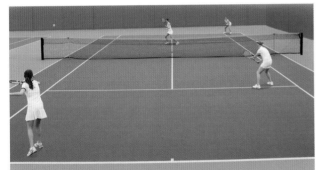

◯ PASO 1: la jugadora golpea un globo *liftado*
Esta jugadora resta con un globo *liftado* en paralelo antes de desplazarse hacia delante con su compañera en la red.

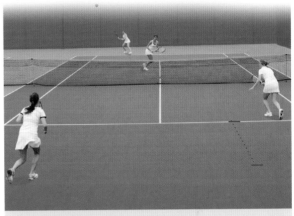

◯ La jugadora en la red se desplaza hacia delante tras un globo eficaz
Su compañera deberá adelantarse si el globo es bueno. Cuanto mejor sea el globo, mayor será la probabilidad de una devolución defensiva por parte de su rival.

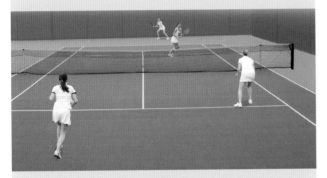

◯ PASO 2: la jugadora se suma a su pareja en la red
Conforme la jugadora se aproxima a la red, la pareja rival se ve obligada a intercambiar posiciones.

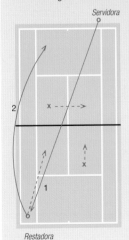

⟳ Globo y aproximación
Juegue un globo de revés en paralelo por encima de su oponente (2) antes de desplazarse rápidamente hacia delante, al tiempo que sus rivales se ven obligadas a intercambiar posiciones.

◯ La jugadora en la red se desplaza hacia atrás para defender un remate
Su pareja debe vigilar cuidadosamente a la oponente en la red. Si parece probable que pueda rematar el globo, deberá retrasar su posición para defender el ataque.

Patrones de juego de dobles:
la aproximación instintiva

Habrá ocasiones en el juego de dobles en que usted o su compañero decidan instintivamente aproximarse a la red para tratar de volear o rematar. Como ya se ha dicho, dependerá en gran medida de la posición en pista de sus oponentes, tanto antes como después de que ejecute su golpe.

AL SAQUE Un servicio potente tenderá a crear oportunidades para que tanto usted como su pareja jueguen una volea a la altura de la red, incluso sin haberlo planeado. Si un resto defensivo pasa de largo a su pareja en la red (tal vez porque es demasiado angulado para que lo alcance), dependerá de usted decidir si se adelanta o permanece sobre la línea de fondo. Es crucial que tome esta decisión tan deprisa como pueda.

Los factores a tener en cuenta son el ángulo de la raqueta de su rival al responder, el nivel de presión bajo el que se encuentra y el tipo de pelota que se dispone a mandar hacia usted. Por ejemplo, si la pelota es baja y lenta, jugar una volea sueca puede ser una gran decisión. A menudo, los jugadores suelen acabar jugando una volea desde la línea de servicio si han iniciado una aproximación instintiva tras detectar un resto débil (es decir, no tienen tiempo de llegar a la red). Jugar una volea sueca, con más potencia y efecto, es exactamente lo que debe hacer para mantener la presión sobre el equipo rival desde esta posición.

⟳ Volea sueca

↻ La servidora se desplaza hacia delante para jugar una volea sueca (3) después de que el resto pase de largo a su compañera en la red (2). A continuación, la servidora golpea directamente hacia su rival en la red, poniéndola bajo una enorme presión debido a la potencia y el efecto de la pelota.

En la fotografía inferior, la servidora está golpeando una volea sueca hacia su rival en la red.

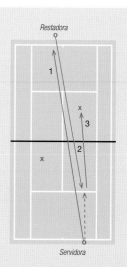

DESDE LA LÍNEA DE FONDO Pelotear con golpes de fondo de pista profundos y precisos generará oportunidades de aproximación y juego en la red. Los buenos equipos de dobles tienden a desarrollar un acuerdo según el cual cualquiera de los dos jugadores tiene derecho a interceptar un golpe de fondo mediante una volea si con ello cree poder dominar el punto, ya sea de manera planeada o no.

Puede ejecutar la aproximación instintiva mediante un golpe profundo y angulado, un golpe bajo y en corto o recurrir a una dejada. Todos ellos tienen potencial para poner a su oponente en la línea de fondo bajo suficiente presión como para que usted se adelante y efectúe una volea, o para que su pareja intercepte el golpe rival desde su posición en la red.

AL RESTO Habrá ocasiones en que su resto genere una oportunidad de aproximación a la red (igual que ocurre cuando se encuentra al saque). Esto ocurre especialmente en restos a segundos servicios, ya que se trata de golpes que buscan presionar a la oponente combinando potencia y precisión. Las jugadoras experimentadas tenderán a efectuar una aproximación instintiva tras jugar un resto dominante angulado, que divide a sus oponentes y les permite enviar una volea hacia el centro de la pista como segundo golpe.

◠ **PASO 1: la jugadora golpea una dejada**
Esta jugadora ha enviado una derecha dejada e intuye que a su oponente en la línea de fondo le va a costar alcanzar la pelota.

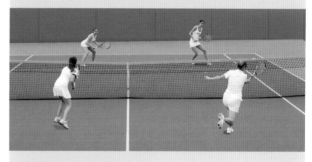

◠ **PASO 2: la jugadora golpea una volea sigilosa**
A continuación, la jugadora se aproxima instintivamente hacia la red para enviar una volea sigilosa a los pies de su rival en la red.

Servidora

◠ **Volea hacia el centro**
➲ El resto (1) fuerza a la servidora a jugar un golpe defensivo desde una posición muy retrasada y hacia el lado de la pista (2). Esto permite a la restadora aproximarse y golpear una sencilla volea hacia el centro de la pista a la que ninguna de las oponentes será capaz de responder (3).

Restadora

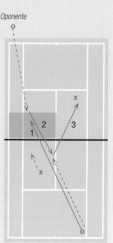

Oponente

➲ **Dejada y volea sigilosa**
La jugadora detecta a su oponente en una posición muy retrasada respecto a la línea de fondo y juega una dejada (1). A continuación, al intuir que su oponente tendrá problemas para alcanzar la pelota, se mueve instintivamente hacia delante y golpea una volea directa hacia su rival en la red (3).

Jugadora

GANAR EN LA RED
BAJO PRESIÓN

Habrá momentos, tanto en el juego individual como en dobles, en que se halle bajo presión a la altura de la red, ya sea porque su oponente lo haya atraído hasta allí o porque su golpe de aproximación no haya funcionado como usted esperaba. En cualquier caso, necesitará desarrollar algún tipo de estrategia de supervivencia.

Individual: mantener la posición

Cuando se encuentre bajo presión en la red, mantenga la calma y siga en su sitio. Los jugadores menos experimentados tienden a moverse para cubrir un lado de la pista, con lo que anticipan la dirección del *passing shot* rival con demasiada antelación. Con esto, lo único que consiguen es ayudar a su rival a tomar la decisión de golpear en la dirección opuesta. Su mejor estrategia será mantener una posición central en la pista, para obligar al rival a tomar la decisión de hacia dónde golpear. Además, puede que al quedarse en su sitio consiga poner nervioso a su oponente si éste daba por sentado que usted se iba a desplazar.

También puede intentar un golpe hacia el centro de la pista cuando se encuentre bajo la presión de un globo o un *passing shot*. Su principal prioridad será reducir el ángulo y el espacio disponibles para el próximo golpe de su rival.

IDEAS CLAVE A CONSIDERAR

 MANTENGA LA CALMA No intente adivinar la dirección del próximo golpe de su rival; si no está seguro, quédese en su sitio.

 EL CENTRO ES MÁS SEGURO Elija el golpe de red en función de la presión bajo la que se encuentre. Recuerde que el centro de la pista es una buena elección si necesita defender.

 DIVIDA CUANDO DOMINE En dobles, busque la oportunidad de jugar en lateral cuando su equipo controle el punto para ampliar el espacio descubierto entre sus oponentes.

Quédese en su sitio
Esta jugadora mantiene su posición central, lo que obliga a su oponente a decidir hacia qué lado enviar su golpe.

No se mueva demasiado pronto
Esta jugadora se ha lanzado con demasiada antelación hacia su izquierda, lo que genera un gran espacio a su derecha hacia el que su oponente podrá enviar la pelota sin problemas.

PISTA: el doble farol

Una buena estrategia es hacer ver que se mueve hacia un lado para, a continuación, cubrir el lado opuesto. Es crucial que finja el movimiento con suficiente antelación como para poder recuperar el equilibrio a tiempo para llegar al otro lado de la pista una vez que el rival ha jugado su *passing shot*. A menudo logrará hacer caer en la trampa a su oponente, que enviará el golpe en la dirección que usted estará cubriendo realmente.

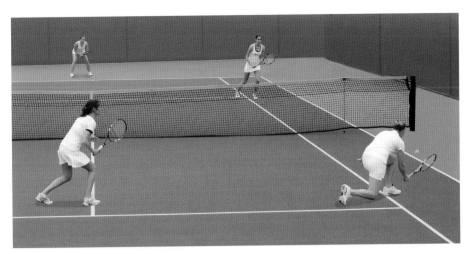

⊂ Mantener la coordinación
La compañera de la jugadora que ejecuta la volea se desplaza en diagonal junto a ella, lo que crea una sólida unidad central. La volea bota al fondo y en el centro de la pista (1), reduciendo el ángulo y el espacio disponibles para el siguiente golpe de la rival.

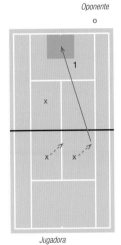

Oponente

Jugadora

Dobles: defender en equipo

La defensa de la posición de red es todavía más frecuente en los dobles que en el juego individual. Su objetivo es mantener el control sobre el centro de la red tanto como sea posible. Esto significa que usted y su pareja deberán mantenerse próximos y moverse de manera coordinada, obligando a sus rivales a golpear con ángulo o mediante globo.

Cuando uno de ustedes se vea forzado a volear desde una posición lateral, el otro deberá desplazarse para cubrir cualquier hueco que se genere en el centro de la pista. Lo mismo ocurrirá cuando uno de ustedes se vea superado por un globo; un remate defensivo hacia el medio será la mejor respuesta, ya que les permitirá mantenerse juntos y reducir los espacios descubiertos. Si ambos se encuentran en la red y el globo pasa sobre su cabeza, su pareja deberá regresar rápidamente a la línea de fondo para devolver la pelota, mientras que usted cambiará su posición de red al lado opuesto.

DOBLES: PATRONES DE JUEGO DE RED

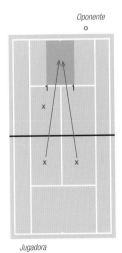

Oponente

Jugadora

∩ Área de remate central
Ésta es el área objetivo hacia la que jugar la volea o el remate cuando su equipo esté bajo presión en la red (1).

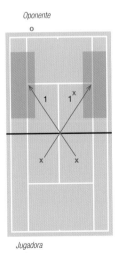

Oponente

Jugadora

∩ Dividir a las oponentes
Cuando se encuentre en una posición más dominante, podrá permitirse jugar en lateral para dividir a sus rivales con el ángulo de su golpe (1).

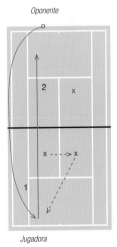

Oponente

Jugadora

∩ Cambio de sitio contra un globo
La jugadora superada por el globo (1) se sitúa en el lado opuesto de la red, al tiempo que su pareja responde al globo (2). El mismo intercambio de posiciones tendría lugar con una formación uno arriba/uno abajo; la jugadora de fondo de pista se movería en lateral para alcanzar la pelota.

juego en la red del oponente

Los jugadores menos experimentados suelen sentirse presionados cuando su rival se aproxima a la red. Este capítulo le mostrará cómo detectar un golpe de aproximación, incluso antes de que su rival lo ejecute, y las distintas formas de responder desde la línea de fondo. También se expondrán algunas estrategias para lograr que su oponente golpee hacia donde a usted más le convenga mediante una combinación de posicionamiento inteligente y lectura de los patrones de juego favoritos del rival, tanto en el juego individual como en dobles.

1 Limitar las opciones del oponente en la red

Descubra los distintos golpes de aproximación que puede emplear su adversario y cómo responder a ellos de la forma más eficaz.

Véanse *páginas 106–113*

2 Atraer al oponente a la red para atacar

Encuentre las mejores formas de llevar deliberadamente a su oponente hacia la red para luego atacar a sus espaldas o sobre su cabeza.

Véanse *páginas 114–119*

LIMITAR LAS OPCIONES DEL
OPONENTE EN LA RED

El jugador o la pareja rival pueden aproximarse y jugar desde la red de distintas maneras. Es importante conocer de qué opciones dispone en función de cada tipo de aproximación. Los dos factores clave que deben tenerse en cuenta son la dirección del golpe y la posición en la red de su oponente.

En primer lugar, fíjese en la dirección de la pelota conforme se acerca a usted para determinar el ángulo del globo o el *passing shot* con el que va a responder. La posición que adopte su oponente una vez llegue a la red le aportará más información sobre cuál debe ser su mejor elección; los adversarios menos experimentados tenderán a dejar espacios descubiertos cuando se hallen en la red.

También tendrá que aprender a distinguir la eficacia de su último golpe, ya que será lo que acabará determinando si el oponente decide aproximarse a la red o si permanece sobre la línea de fondo. Por ejemplo, tal vez sepa por experiencia que su golpe ha botado demasiado en corto o sin suficiente potencia, lo que le hará prepararse para un posible ataque rival.

Patrones de juego individual:
defensa con el *passing shot* doble

Recuerde: que su oponente se haya aproximado a la red no significa que usted esté obligado a ejecutar un golpe ganador en el siguiente movimiento. El *passing shot* doble es muy recomendable en determinadas ocasiones, ya que le ayuda a conservar la calma bajo presión y puede convertir una situación defensiva en un punto a su favor. Esta táctica requiere la realización de un *passing shot* de alto porcentaje directo hacia su oponente, con potencia o a baja altura, con la intención de obligarle a jugar una volea defensiva. Esto tenderá a descubrir la pista rival para que usted ejecute un segundo golpe ganador, ya sea en forma de globo o de *passing shot*.

En general, un golpe de aproximación puede jugarse en una de estas tres direcciones: cruzado, en paralelo o hacia el centro de la pista. Cada una ofrece un abanico distinto de golpes posibles en función de la presión bajo la que se encuentre.

IDEAS CLAVE A CONSIDERAR

 EL ÁNGULO ES CLAVE Fíjese en el ángulo del golpe de aproximación de su rival, ya que a menudo limitará sus opciones a la hora de responder con un globo o un *passing shot*.

 BUSQUE EL HUECO Habrá ocasiones en que su oponente deje descubierto un espacio en la red que usted podrá aprovechar para enviar su golpe.

EN DOS PASOS En ciertas ocasiones, recurrir a una combinación de *passing shot* doble resultará mucho más eficaz que intentar directamente un golpe ganador.

Oponente que se aproxima a la red
Intente que su rival juegue un golpe adicional siempre que pueda, sin importar la presión bajo la que le ponga su aproximación.

Oponente que juega en la red
Golpear hacia este rival cuando se encuentre en la red puede permitirle superarlo con un *passing shot* en su siguiente golpe.

DEFENSA CONTRA LA APROXIMACIÓN EN PARALELO

Fíjese en el ángulo de la raqueta del rival en busca de pistas sobre la dirección de su golpe de aproximación, en especial en los golpes de revés.

DEFENSA CONTRA LA APROXIMACIÓN CRUZADA El

ángulo de la raqueta de su oponente cambiará ligeramente cuando realice una aproximación cruzada, ya que deberá golpear más hacia el lado exterior de la pelota.

⮑ **Respuesta a una aproximación en paralelo**
Ante un oponente que se aproxima a la red en paralelo (1), puede responder con un *passing shot* cruzado (2) sobre la parte más baja de la red y hacia el área más amplia de la pista. Recurrir a este golpe como primer movimiento de un *passing shot* doble puede permitir jugar un *passing shot* ganador en su siguiente golpe.

Un globo cruzado al fondo (3) puede ser efectivo, especialmente contra un rival que se halle cerca de la red (un globo en paralelo es una opción viable, sobre todo si se golpea hacia el lado de revés de un jugador diestro).

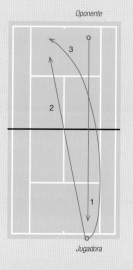
Oponente · *Jugadora*

⮑ **Respuesta a una aproximación cruzada**
Aquí, el oponente se aproxima en dirección cruzada (1). Su respuesta dependerá de la presión a la que le someta su rival. Si es posible, un *passing shot* paralelo (2) será una opción interesante por su capacidad para alejar la pelota del oponente entrante. Sin embargo, si la potencia o la profundidad del golpe de aproximación le han puesto bajo mucha presión, un globo cruzado (3) o una devolución hacia el centro de la pista (4) serán probablemente mejores opciones, ya que permiten un mayor margen de error.

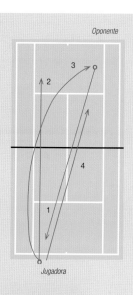
Oponente · *Jugadora*

QUÉ OBSERVAR

ᕗ **Aproximación con paralela cortada**
La cara de la raqueta de este oponente mira a la línea lateral de la pista, y la pelota sigue esa dirección. La cabeza de la raqueta se halla por encima de la altura, lo cual, junto con la empuñadura utilizada, indica que el revés será cortado. Espere una pelota de bote bajo.

ᕗ **Aproximación con cruzada**
La raqueta estará orientada en diagonal en lugar de totalmente recta cuando su oponente se disponga a jugar un golpe de aproximación cruzado. Esto será visible desde su lado de revés.

DEFENSA CONTRA LA APROXIMACIÓN CENTRADA

AL FONDO Un golpe de aproximación hacia el medio de la pista da lugar a una reducción de los ángulos posibles con los que golpear de vuelta. Esté atento a aquellos oponentes que rodeen su lado de revés para ejecutar una derecha desde el centro de la pista; este tipo de derecha puede generar un ángulo sobre la pelota al golpearla de dentro hacia fuera.

DEFENSA CONTRA LA APROXIMACIÓN

EN CORTO (CENTRADA Y LATERAL) La defensa contra un golpe de aproximación en corto puede ser complicada si se ve forzado a cubrir mucho espacio de pista. El método más eficaz consiste en ir directo a la pelota y, a continuación, reducir al máximo el espacio disponible para el siguiente golpe de su oponente.

Si el golpe de aproximación es en corto y en lateral, una respuesta en paralelo obligará a su oponente a crear un ángulo en su siguiente golpe. Si se encuentra bajo mucha presión, un golpe directo hacia su oponente será otra buena opción.

➲ **Respuesta a una aproximación centrada**

Aquí, el oponente efectúa un golpe de aproximación profundo hacia el centro de la pista (1). Esto le deja sin espacios evidentes hacia los que devolver la pelota, así que la táctica del *passing shot* doble será su mejor opción. Golpee el *passing shot* de vuelta hacia el centro de la pista (2) directo hacia su oponente, con la intención de ejecutar un golpe ganador (4).

Es recomendable utilizar esta táctica al principio del partido para evaluar la habilidad voleadora del rival. Muchos oponentes no estarán a gusto bajo la presión de tener que jugar voleas precisas de forma constante (3). Como consecuencia, puede que acaben forzando sus golpes y cometiendo errores.

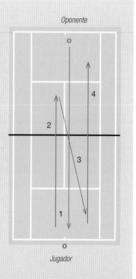

➲ **Respuesta a una aproximación en corto**

Intente ir directo hacia la pelota corta y lateral de su oponente (1) y mande un *passing shot* en paralelo (2). Su oponente puede intentar una volea cruzada (3), que usted deberá alcanzar para jugar un *passing shot* ganador hacia el hueco (4).

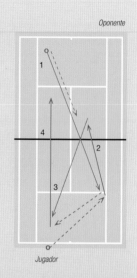

QUÉ OBSERVAR

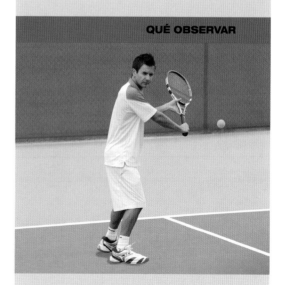

◑ **Aproximación hacia el centro**

Este oponente está efectuando una aproximación en dirección al centro de la pista. La clave aquí consiste en no perder los nervios y responder de vuelta al medio, si es necesario.

◑ **Oponente con un *swing* corto**

A menudo, la preparación corta del *swing* del oponente indica que su golpe de aproximación botará cerca de la red.

Individual: identificar la posición de red del oponente

La posición de su rival en la red será un factor clave que deberá tener en cuenta cuando usted ejecute su globo o *passing shot*. Intente fijarse en si su oponente deja la mayor parte de espacio a sus espaldas (cuando se encuentre cerca de la red), o si cuenta con más espacio por delante y hacia los lados (cuando se encuentre en una posición más retrasada).

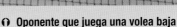
QUÉ OBSERVAR

⋂ Oponente que juega una volea baja
Cuando su adversario se vea obligado a golpear una volea baja, quizás le envíe una pelota corta y baja. Esté preparado para desplazarse hacia delante y castigar cualquier devolución débil de su rival.

⋂ Oponente cerca de la red
⋃ Cuando su oponente se acerque mucho a la red (X), considere jugar un globo (1). Otra opción será el *passing shot* en paralelo (2), contra el que su rival apenas tendrá tiempo de reaccionar.

⋂ Oponente cerca de la línea de fondo
⋃ Con mucho espacio entre la red y su adversario (X), intente mandar un *passing shot* bajo hacia sus pies (1). Esto le forzará a golpear una volea defensiva hacia arriba (2). Es un golpe que pone a prueba a su rival y que a usted le da más tiempo para preparar su segundo *passing shot* (3).

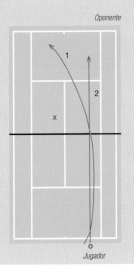

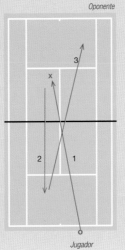

⋂ Oponente que juega una volea alta/ remate
Si observa a su oponente golpeando con altura desde la red (volea, volea sueca o remate), retroceda para ganar tiempo y espacio para defender.

CONSEJO: evalúe la capacidad voleadora del rival

Ponga a prueba la habilidad voleadora de su oponente al principio del partido. Es posible que esté nervioso y no confíe en sus voleas o, incluso, que ni siquiera pretenda jugar desde la red.

Patrones de juego de dobles:
defensa contra el saque-volea

Hay muchas formas de neutralizar al equipo rival en la red y dar la vuelta al punto en favor de su equipo. De hecho, arrebatar el control de la red a sus rivales es una táctica clave en el juego de dobles.

Una de las tácticas más populares es servir y seguir con una volea. La forma en la que contrarreste esta táctica depende en gran medida del tipo de servicio que reciba, así como de cómo estén ubicados sus oponentes.

DEFENSA CONTRA EL SAQUE ANGULADO Y APROXIMACIÓN

Si sus oponentes sacan con ángulo antes de aproximarse a la red, su equipo contará con distintas respuestas posibles: restar en paralelo, ya sea con un golpe de fondo o un globo, o hacerlo en cruzado.

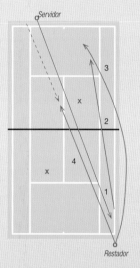

⌒ Resto paralelo contra servicio con ángulo o angulado
Este jugador resta en paralelo aprovechando el espacio que su oponente ha creado en la red.

⌒ Saque con ángulo y aproximación
Ante un servicio angulado (1), golpee un resto en paralelo (2) (*véase* fotografía superior derecha) si observa al compañero del servidor alejado del centro de la pista. Por otro lado, si el saque le obliga a retrasarse demasiado, su mejor opción será un globo; le proporcionará el máximo tiempo añadido para recuperar su posición y tal vez para efectuar una aproximación.

También puede restar con una cruzada baja y obligar al servidor rival a responder con una volea defensiva, cuya altura añadida puede aprovechar su compañero para atacar con una volea (4). Este golpe puede ser un resto de bloqueo (para maximizar el control y la coordinación contra un servicio potente) o un resto *liftado* que bote a los pies de su rival (*véase* fotografía derecha).

⌒ Resto cruzado bajo contra servicio con ángulo o angulado
Este jugador elige un resto de bloqueo cruzado con la intención de forzar al servidor a responder con una volea baja.

DEFENSA CONTRA EL SAQUE CENTRADO Y APROXIMACIÓN
Si el saque se realiza hacia el centro de la pista y el servidor sigue su trayectoria hacia la red, tiene otra serie de opciones con las que responder.

↪ Saque al medio y aproximación

El saque sale en dirección al centro de la pista (1) y el servidor lo sigue hacia la red. Una posible táctica será restar de vuelta al medio para forzar al servidor a volear el golpe, en lugar de que lo intercepte su compañero en la red (2). Esta opción mantiene la pista bajo control e impide que los oponentes logren dividir a su equipo. También puede jugar un globo sobre la cabeza del rival en la red (3). Cuando se realiza correctamente, el globo puede ser muy efectivo y obligar al menos a uno de sus oponentes a retroceder hasta la línea de fondo para devolver el golpe.

Otra opción es restar con una cruzada baja hacia el servidor entrante para que defienda con una volea baja. Recuerde que es un golpe más preciso, de modo que debe tener un buen control de su resto.

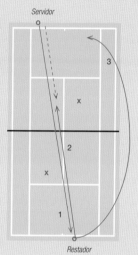

Servidor

Restador

INTERCEPTACIÓN AL CUARTO GOLPE
Como hemos visto en la página 63, golpear hacia los pies de un oponente mientras se aproxima es una buena forma de convertir una defensa en un ataque. Quizás haya planeado esto antes del inicio del punto, con su compañero como encargado de responder a la volea del servidor mediante una volea de interceptación.

Interceptar la volea del servidor requiere dos cosas: en primer lugar, su resto debe forzar al servidor a responder con una volea lenta y alta. En segundo lugar, su pareja debe coordinar a la perfección su movimiento por la red. Esto significa no moverse ni demasiado pronto (el servidor voleará en paralelo al verle acercarse) ni demasiado tarde (no alcanzará la volea cruzada del servidor).

Planear esta compleja estrategia demuestra confianza y valentía: incluso si pierden el punto, habrán sembrado una semilla de duda en la mente de sus oponentes acerca de cuál será su próxima jugada.

↪ Volea ganadora

El saque sale hacia el centro de la pista desde el lado de iguales (1) y el resto vuelve en la misma dirección hacia los pies del servidor entrante (2). Éste juega una volea cruzada (3) y la pareja del restador se desplaza por la red para responder con una volea ganadora al hueco creado entre sus rivales (4).

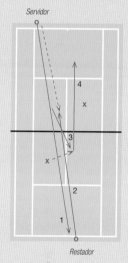

Servidor

Restador

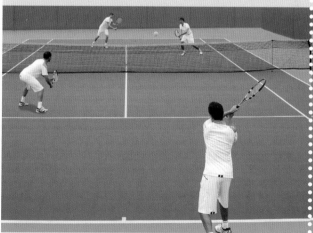

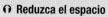

☊ Reduzca el espacio
Restar hacia el centro de la pista en la misma dirección del saque reduce el espacio y el ángulo disponibles para sus rivales.

☊ Intercepte la pelota
El resto se golpea en la dirección del saque y la pareja del restador se dispone a interceptar la volea cruzada del servidor.

Patrones de juego de dobles:
otras tácticas defensivas

La formación ambos detrás es una buena elección ante una pareja rival con un buen juego en la red. Usted y su pareja deberán situarse tras la línea de fondo para golpear por encima o a espaldas de sus rivales. Esta estrategia resultará especialmente útil en parejas cuyo punto fuerte sean los golpes de fondo, así como en pistas de bote más lento, donde es relativamente difícil conseguir una volea ganadora.

Eliminar el objetivo en la red de sus rivales es la clave de una formación ambos atrás eficaz. A menudo, sus oponentes no sabrán hacia dónde enviar sus voleas, en especial si les ven a los dos preparados para responder a cualquier pelota.

Habrá ocasiones en que ambos oponentes se encuentren en la red. Hacia dónde y cómo juegue contra esta formación dependerá en gran medida del grado de presión bajo el que se halle.

Cuando esté bajo presión, la regla fundamental será intentar reducir tanto como sea posible el espacio disponible para sus rivales. Esto implicará golpear hacia el centro de la pista o en cruzado (con un posible globo), más que en paralelo. Si envía la pelota al mismo lado de la pista, aumentará las posibilidades de que su oponente pueda generar un ángulo peligroso con su devolución.

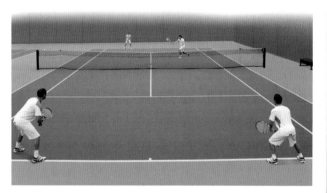

Formación ambos detrás

Al situarse con su pareja sobre la línea de fondo consiguen eliminar un objetivo en la red hacia el que sus rivales puedan mandar sus golpes.

En la fotografía superior, el oponente está a punto de jugar una volea de intercepción pero carece de un objetivo claro hacia el que dirigir la pelota. Los dos jugadores sobre la línea de fondo están preparados para lanzarse a por cualquier golpe que acabe alcanzándoles.

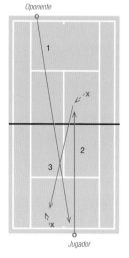

Oponente

Jugador

Cruzada bajo presión

Mandar la pelota al lado opuesto de la pista cuando se encuentra bajo presión reduce la capacidad de sus rivales de generar un ángulo peligroso con su siguiente golpe. Aquí, es mucho más efectivo el globo cruzado (1) que un golpe paralelo (2), que les expondría a una volea cruzada del oponente en la red (3).

En la fotografía superior, el jugador opta por un globo cruzado al detectar el amplio espacio a espaldas de sus adversarios.

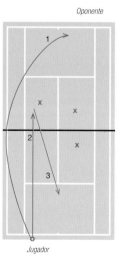

Oponente

Jugador

BAJO CONTROL Sus opciones serán distintas cuando se encuentren en una posición relativamente dominante sobre sus oponentes en la red. En esta situación podrán permitirse golpear en paralelo, lo que debería generar un buen espacio hacia el que dirigir su siguiente golpe. Si se encuentra en el interior de la línea de fondo, será preferible golpear a través de sus rivales que hacerlo sobre sus cabezas (cuanto más adelantado se encuentre, menos espacio disponible tendrá a espaldas de ellos).

⮕ **Golpear hacia el espacio**
Envíe su golpe en paralelo (1) o hacia el centro de la pista (2) cuando se encuentre en una posición dominante.

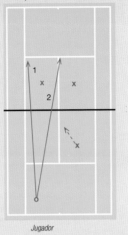

Oponente

Jugador

QUÉ OBSERVAR

Dobles: identificar la posición de red de los oponentes

A pesar de las numerosas opciones tácticas disponibles, habrá ocasiones en que sólo necesitará observar la posición en pista de sus rivales para saber exactamente cómo jugar a continuación.

⮕ **Oponentes demasiado alejados**
Cuando uno o ambos adversarios se encuentren lejos de la red, una buena elección será un golpe bajo y en corto hacia sus pies (1). Esto le permitirá desplazarse hacia delante para atacar su devolución o golpear por encima de ellos (2) una vez los haya obligado a aproximarse.

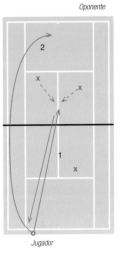

Oponente

Jugador

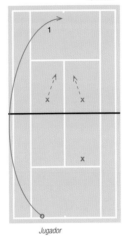

Oponente

Jugador

⭮ **Oponentes demasiado cerca**
Cuando uno o ambos oponentes se encuentren muy próximos a la red, su mejor opción será el globo (1).

Oponente

Jugador

◖ **Oponentes escalonados** ⭮ **en la red**
En ocasiones, sus oponentes adoptarán una posición de red escalonada (en la que uno se encuentra mucho más cerca de la red que el otro). En este caso, seguirá habiendo un espacio entre ellos, pero ahora con ángulo; una pelota hacia el centro golpeada desde el lado de la pista sacará partido de esta situación (1).

QUÉ OBSERVAR

◖ **Oponentes demasiado separados**
Un golpe hacia el centro de la pista puede ser su mejor elección si observa a sus oponentes muy separados entre sí a la altura de la red.

ATRAER AL OPONENTE
A LA RED PARA ATACAR

Jugar contra un oponente en la red puede crear muchas oportunidades ofensivas, en especial si sabe que carece de experiencia o que sus voleas no son demasiado efectivas. Analice su técnica y su posición en pista desde el principio del partido para decidir si el ataque es una opción viable.

Detectar los puntos débiles de la volea rival

Tenga en cuenta la empuñadura y el *swing* de su oponente. Un rival que use una empuñadura de derecha para volear estará más limitado a la hora de golpear que otro jugador que emplee una empuñadura continental, y, además, tendrá problemas para responder a pelotas bajas. Si también usa la empuñadura de derecha para su volea de revés, tendrá dificultades para responder a golpes mínimamente potentes.

La posición en pista de su oponente es otro buen indicador de si es o no una buena idea atraerle hacia la red. También vale la pena estudiar su técnica de golpe de fondo.

IDEAS CLAVE A CONSIDERAR

 ATRÁIGALOS A LA RED Intente atraer a sus rivales a la red: podrá generar grandes oportunidades de ataque.

 ¿DÓNDE ESTÁ EL HUECO? Recuerde que el mayor espacio descubierto en la pista cuando su oponente está en la red se encuentra a espaldas de éste. Así, un globo puede resultar mucho más efectivo que un *passing shot* si se ejecuta en el momento adecuado.

EXPLOTAR EL SWING Y LA EMPUÑADURA DE SU OPONENTE   QUÉ OBSERVAR

∩ El oponente usa una empuñadura de derecha
Este oponente tendrá dificultades para responder a una pelota rápida porque está usando una empuñadura de derecha para volear.

∩ El oponente emplea la técnica del «limpiaparabrisas»
Es posible que un rival poco experimentado ni siquiera trate de golpear una volea de revés. En su lugar, puede emplear la volea de derecha en el lado contrario de su cuerpo («limpiaparabrisas»). Saque partido de este punto débil.

∩ El oponente usa un *swing* grande
Un oponente que utilice un *swing* grande para volear tendrá problemas contra golpes potentes (reducirán su tiempo de preparación) y pelotas enviadas sobre él (le obligarán a encoger su *swing*).

∩ El oponente usa una empuñadura a dos manos
Jugar con ángulo contra un voleador a dos manos es una buena decisión porque se trata de un rival con mucho menos alcance que un jugador a una mano.

APROVECHAR LA POSICIÓN EN PISTA DEL OPONENTE

◑ Oponente demasiado alejado

Si observa que su oponente juega desde una posición muy retrasada de la pista, podrá atraerle hacia la red mediante un golpe bien controlado. Recuerde que golpear en corto deliberadamente exige un golpe con mucho tacto, de modo que será crucial elegir bien la pelota con la que jugarlo. Intente no elegir una pelota que le haya puesto bajo excesiva presión, ya sea temporal, por velocidad o por su posición en pista.

◑ Oponente demasiado hacia un lado

Puede que, de forma natural, su oponente se sitúe más hacia un extremo de la línea de fondo para proteger su lado más débil. En este caso, jugar en corto al extremo opuesto de la pista lo obligará a recorrer la máxima distancia posible para alcanzar la pelota.

APROVECHAR LA TÉCNICA DE GOLPE DE FONDO DEL OPONENTE

Oponente

Jugador

⟳ Oponente que protege el revés de fondo

Este oponente está defendiendo su revés de línea de fondo. Golpee en corto a su lado de derecha (1) para obligarlo a recorrer un gran espacio de pista en muy poco tiempo.

⟳ Oponente con una empuñadura fuerte de derecha

Un oponente que use una empuñadura fuerte de derecha tendrá que modificarla bastante para jugar una volea de revés; atraerlo a su lado de derecha para luego hacerlo volear de revés es una gran estrategia (*véase* página 57).

Individual: patrones de juego para atraer al oponente

Atraer al oponente hacia la red para poder atacarlo es una estrategia inteligente que exige seleccionar bien el golpe. Deberá tener en cuenta el efecto que su último golpe haya tenido sobre su oponente, el golpe con el que éste haya respondido y la posición de ambos sobre la pista. También debe recordar que no tiene por qué jugar una dejada para atraer a su oponente hacia delante: será suficiente una pelota en corto que bote a poca altura y resulte difícil de atacar.

♻ Cruzada y paralela desde el lado de ventaja

Este jugador juega una cruzada profunda de revés (1) que fuerza a su oponente a retrasar mucho su posición para responder. La devolución defensiva del rival bota hacia el interior de la pista (2), lo que permite que el jugador se adelante y juegue un revés paralelo en corto con efecto cortado (3). Ahora, el oponente tendrá que recorrer el máximo espacio de pista en muy poco tiempo si quiere alcanzar la pelota.

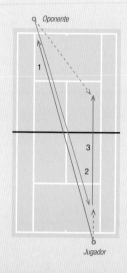

♻ Cruzada y paralela desde el lado de iguales

Este patrón resulta igual de efectivo desde el otro lado de la pista. En esta ocasión, el jugador envía una cruzada profunda de derecha (1) y la sigue con una derecha paralela en corto (3).

◐ Cruzada profunda y paralela en corto

Uno de los patrones de dos golpes más comunes para desarrollar esta estrategia es jugar una cruzada al fondo, seguida de una paralela en corto.

◐ Usar una bola corta

El jugador tiene el control total de esta bola corta. Juega desde el interior de la línea de base con un punto de contacto a la altura de la cintura y en la parte delantera de su cuerpo. Es fundamental mantener el control sobre este tipo de tiro delicado.

QUÉ HACER TRAS UN GOLPE EN CORTO Su posicionamiento después de un golpe en corto (tras ejecutar el patrón de dos golpes descrito en la página anterior) dependerá de la presión bajo la que se encuentre su rival, de un modo similar a lo que ocurre con una dejada (*véase* página 59). Desplácese hacia delante si ve al rival con problemas para responder a su golpe, ya que es probable que su devolución sea débil y en corto. Puede que esto le permita golpear un *passing shot* desde el interior de la pista, o incluso una volea o un remate si se ha aproximado aún más a la red. Adelantar su posición le permitirá, además, reducir el espacio descubierto hacia el que su rival pueda mandar su golpe. Recuerde que jugar un globo desde esta posición puede no ser su mejor elección, ya que cuanto más dentro de la pista se encuentre, menor será el espacio disponible para enviar su golpe en el lado rival.

○ **Aproxímese para volear**
Si en esta situación se adelanta lo suficiente hacia la red, podrá jugar una volea o incluso un remate.

○ **Retroceda para defender**
Si intuye que su oponente será capaz de golpear con profundidad tras acercarse a la red, tendrá que retrasar su posición. Adoptar una posición más alejada de la red le dará más tiempo para analizar el golpe del rival y determinar su respuesta.

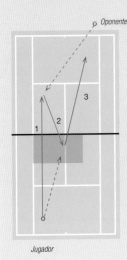

↻ **Revés en corto y aproximación**
El jugador se desplaza hacia delante tras un revés en corto paralelo (1), anticipándose a una respuesta también en corto (2). Una vez en la red, intercepta el golpe defensivo de su rival con una volea ganadora hacia el área descubierta del campo rival (3).

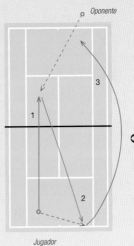

↻ **Hacia atrás y globo**
Este jugador retrasa aún más su posición, al tiempo que su oponente se aproxima a la red. A continuación, golpea un globo por encima del rival (3) en dirección al gran hueco que éste ha generado a sus espaldas.

Dobles: patrones de juego para atacar desde el fondo

La táctica de atraer al rival hacia la red se aplica por igual tanto en los dobles como en el juego individual. De nuevo, el patrón más común consiste en golpear una cruzada larga, seguida de una cruzada corta, siempre y cuando se mantenga un buen control de la pelota. La diferencia radica en lo que se debe hacer cuando los oponentes se encuentran en la red; existen distintas alternativas.

◑ El compañero intercepta con una volea

Si su golpe en corto bota lo bastante bajo, el oponente entrante se verá obligado a golpear con altura sobre la red. Esto proporcionará a su pareja en la red la oportunidad de interceptar el golpe rival.

➲ Volea entre oponentes

Golpee un revés cruzado en corto (1), que obligue a su oponente a aproximarse a la red y responder con altura (2). Esto le permitirá a su compañero en la red interceptar con una volea ganadora dirigida al espacio entre ambos rivales (3).

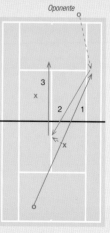

Oponente

Jugador

ATAQUE CON *PASSING SHOT* O GLOBO Una posible
alternativa a la volea sigilosa (*véase derecha*) es mantener su posición sobre
la línea de fondo y golpear un globo o un *passing shot* agresivos, según la
posición de su oponente en la red. Si observa a uno o a ambos jugadores
rivales muy próximos a la red, un globo agresivo será una buena jugada.
Si hay un gran espacio entre ellos, una gran opción será un golpe potente
hacia el centro; si uno de los oponentes se encuentra más próximo al centro
de la pista, será preferible optar por un golpe en paralelo.

ATAQUE CON VOLEA SIGILOSA Si el golpe de
aproximación de su rival es alto pero demasiado ancho para
su compañero en la red, la volea sigilosa puede ser una buena
opción ofensiva. Deberá desplazarse hacia delante anticipando
una devolución lenta y débil, que usted podrá golpear con una
volea o volea sueca hacia el espacio a espaldas de sus rivales.

↻ **Globo agresivo**
↺ El jugador atrae a su oponente
hacia la red (1) y luego envía un
globo agresivo sobre su cabeza
(3). Tras superar a este primer
oponente, el jugador inicia una
aproximación instintiva para
sumarse a su compañero en la
red. La capacidad de arrebatar
el control de la red al equipo rival
es un arma fundamental.

Oponente

Jugador

↻ **Volea sigilosa
y aproximación**
Use la táctica de la volea
sigilosa desde el lado de
derecha tras jugar una
pelota en corto para
atraer a su oponente hacia
delante (1). Responda a
la devolución defensiva
de su oponente (2) con
una volea sueca directa
al centro de la pista (3).

○ Atraer al oponente a la red
Este jugador envía una derecha cruzada en corto para llevar a su rival desde la línea de fondo hacia la red. Tal vez juegue un globo como
segundo golpe o prefiera una aproximación sigilosa hacia la red si intuye que ha puesto a su oponente bajo suficiente presión.

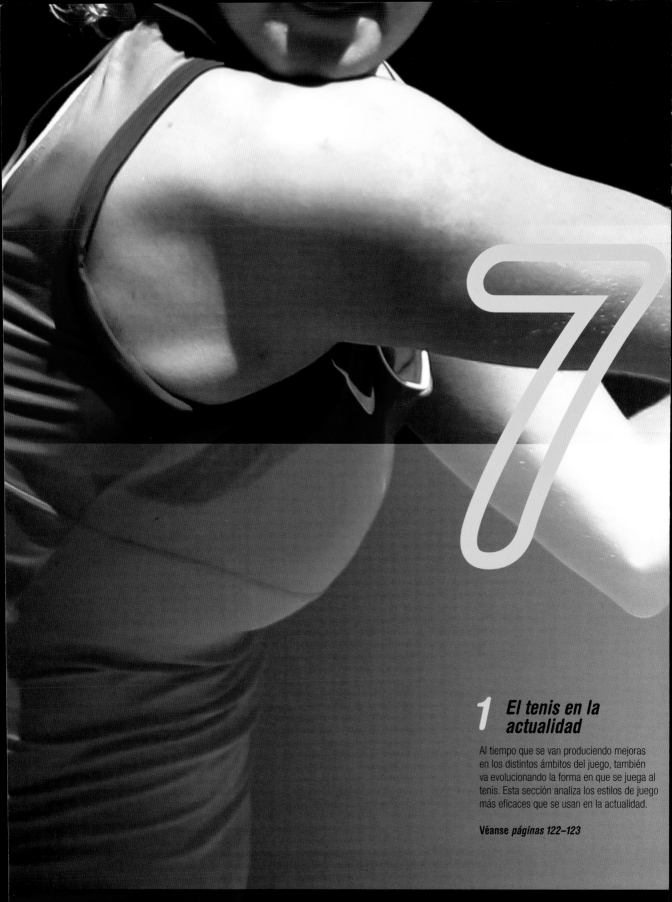

7

1 *El tenis en la actualidad*

Al tiempo que se van produciendo mejoras
en los distintos ámbitos del juego, también
va evolucionando la forma en que se juega al
tenis. Esta sección analiza los estilos de juego
más eficaces que se usan en la actualidad.

Véanse *páginas 122–123*

estilos de juego comunes

Cada persona tiene una forma única de jugar, pero determinados estilos a menudo resultan muy eficaces. Este capítulo analiza estos métodos para ayudarle a crear su propio estilo. A continuación, estudia las diferencias clave entre los tipos de juego masculino y femenino. También le enseña a examinar su estilo de juego personal y a decidir sobre qué áreas le conviene más entrenar en el futuro.

2 Tipos de jugadores

Descubra los estilos de juego más comunes, incluidos el jugador de fondo de pista, el todoterreno, el de contraataque, el de red y el jugador constante de fondo de pista.

Véanse *páginas 124–133*

Diferencias entre el tenis masculino y femenino

Las diferencias físicas de hombres y mujeres dan lugar a variaciones clave entre la forma en que ambos juegan al tenis. Descubra cuáles son estas variables y cómo pueden afectar a su juego.

Véanse *páginas 134–135*

4 Analizar su estilo de juego

Aprenda a detectar sus puntos fuertes para desarrollar un estilo de juego ganador. Esta sección le enseñará a identificar sus aptitudes técnicas, tácticas, físicas y mentales para comprender cómo influyen en su juego.

Véanse *páginas 136–139*

EL TENIS EN LA
ACTUALIDAD

El tenis se ha convertido en un deporte global. Se juega en todos los continentes, sobre todas las superficies y lo practican personas de todas las edades, culturas y clases sociales. Casi todas las semanas se celebran campeonatos profesionales en algún lugar del planeta, donde los jugadores son estrellas de fama mundial y millones de espectadores siguen cada partido.

Gracias a las mejoras en material, infraestructuras y métodos de entrenamiento, los tenistas de élite actuales son más rápidos, fuertes y duros que nunca. Como consecuencia, el tenis también ha cambiado.

La mayor importancia en el aspecto físico del juego ha provocado que los jugadores aprovechen todos los rincones de la pista y empleen un amplio abanico de aptitudes técnicas, tácticas, físicas y mentales para competir al máximo nivel. Los mejores jugadores son los todoterreno, aquellos capaces de competir y ganar en cualquier superficie y contra cualquier oponente, que conservan siempre un estilo de juego concreto y reconocible, desarrollado tras muchos años de competición y entrenamiento.

Al crear un estilo de juego propio, los jugadores tienen la capacidad de desarrollar las tácticas y los patrones de juego que mejor se adapten a sus cualidades. Les ayuda a planear entrenamientos más específicos y a mejorar su nivel de concentración durante las competiciones. Así, es fundamental que conozca bien su estilo de juego, ya que será lo que dominará todo lo que haga sobre la pista. Puede ayudarle a aprovechar sus puntos fuertes y corregir sus flaquezas, así como a fijarse metas realistas.

Identificar rápidamente el estilo de juego del rival le permitirá prepararse de manera eficaz para el partido mediante el uso de tácticas específicas. Además, aprender de otros estilos de juego le tentará a experimentar con nuevas armas que podrían acabar por formar parte de su táctica.

EJEMPLO 1: JUGADORA SÓLIDA DE FONDO DE PISTA

QUÉ OBSERVAR:

EMPUÑADURA PREFERIDA:
Revés a dos manos 50:50

POSICIÓN:
Posición neutra/ligeramente cerrada, para conservar el equilibrio y permitir la transferencia de peso durante el golpe.

POSICIÓN EN PISTA:
Próxima a la línea de fondo para reciclar la potencia del último golpe de su oponente.

PUNTO DE CONTACTO:
Justo por debajo de la cintura y cómodamente delante del cuerpo.

POSTURA:
Observe cómo se agacha para golpear la pelota por debajo. Su cabeza permanece recta y sus ojos fijos sobre la pelota.

GOLPE MÁS PROBABLE:
La dirección de la cara de su raqueta indica que esta pelota saldrá en dirección cruzada.

Para más información sobre El jugador sólido de fondo de pista, *véanse* páginas 132-133.

2: JUGADOR AGRESIVO DE FONDO DE PISTA

QUÉ OBSERVAR:

EMPUÑADURA PREFERIDA:
Semi-oeste de derecha

POSICIÓN:
Abierta/semiabierta, para permitir la rotación completa del cuerpo al golpear.

POSICIÓN EN PISTA:
Posición agresiva de línea de fondo que le facilita la transición hacia la red.

PUNTO DE CONTACTO:
Contactará con la pelota cuando empiece a bajar desde su punto álgido y justo por encima de la altura de su cintura.

POSTURA:
Observe cómo su brazo izquierdo se encuentra atravesado respecto a su cuerpo, lo que le permite rotar el torso para ejecutar el golpe. Fíjese también en la ligera flexión de sus rodillas, que le permitirá imprimir potencia al golpe desde abajo hacia arriba.

GOLPE MÁS PROBABLE:
Espere una derecha agresiva con potencia y efecto.

Para más información sobre El jugador agresivo de fondo de pista, *véanse* páginas 124-125

TIPOS DE
JUGADORES

Descubra los estilos de juego más populares entre los tenistas de élite actuales, las habilidades necesarias para ejecutarlos y cómo puede emplear esta información para desarrollar su estilo de juego personal.

El jugador agresivo de fondo de pista

El juego agresivo de fondo de pista es el más popular entre los jugadores del circuito profesional actual. Requiere la ejecución de golpes de fondo agresivos desde distintas posiciones sobre la línea de fondo, así como la capacidad de atacar tanto de derecha como de revés.

ESTILO DE JUEGO Se trata de un jugador fuerte y rápido con una técnica que le concede potencia y control. Es capaz de atacar con éxito desde la línea de fondo, y también sabe defender con astucia y creatividad. A menudo acabará sus puntos en la red tras haber generado una posición ganadora desde la línea de fondo; por consiguiente, será vital leer de manera eficaz su posición y postura en todo momento.

CÓMO IDENTIFICARLO El jugador agresivo de fondo de pista juega al menos el 80 % de sus golpes desde la línea de fondo y suele tener un golpe preferido (ya sea de derecha o de revés) al que recurrirá tan a menudo como pueda. Por ejemplo, fíjese en aquellos jugadores que evitan golpear su lado de revés para efectuar una derecha. Esto indica que prefieren atacar con su derecha desde cualquier punto de la línea de fondo, y que probablemente seguirán sobre ella, a menos que se les plantee una oportunidad de aproximación muy clara. Compare esta estrategia con la del jugador de toda la pista, que se siente más cómodo efectuando un revés para añadir variedad al punto y/o aproximarse a la red.
    El jugador agresivo de fondo de pista suele utilizar una empuñadura semi-oeste en su lado de derecha a fin de imprimir potencia y efecto a la pelota, así como para responder cómodamente a pelotas *liftadas*.

CÓMO GANARLO Este jugador se siente cómodo contra golpes constantes de velocidad moderada, que le permiten adquirir un buen ritmo y aprovechar parte de la potencia de la pelota entrante para responder de forma agresiva. Sáquelo de su ritmo con golpes de velocidad y efecto variables. Serán efectivos los golpes que lo fuercen a alejarse de su posición preferida sobre la línea de fondo (como la cortada con ángulo corto), así como aquellos que boten bajo y/o lento, con un ataque complicado. También puede realizar aproximaciones regulares a la red para detener los peloteos de línea de fondo; deberá asegurarse de que éstas lo pongan bajo suficiente presión, ya que de otro modo podría responder en plena carrera con un *passing shot* o un globo.

TÁCTICAS Y EMPUÑADURA PREFERIDAS

TÁCTICAS
Todo jugador agresivo de fondo de pista utiliza cruzadas potentes para construir su punto y generar oportunidades ofensivas en paralelo. Presiona a su oponente con potencia, profundidad y la capacidad de cambiar la dirección de la pelota con facilidad. Una cruzada profunda al lado de revés del oponente, seguida de una paralela hacia su derecha, es uno de sus patrones favoritos.

➲ **Presión y ataque en paralelo**
El jugador agresivo de fondo de pista ejecuta un revés cruzado profundo (1) que obliga a su rival a responder en corto (2). A continuación, se desplaza hacia delante para atacar con un revés paralelo (3).

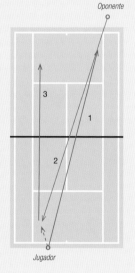

Oponente

Jugador

EMPUÑADURA CLAVE
Empuñadura semi-oeste de derecha

EJEMPLOS CÉLEBRES

Andre Agassi fue un jugador de fondo de pista ejemplar. Su estilo de juego personal se basaba en castigar a sus oponentes con sucesiones de golpes de fondo agresivos. Aunque se sentía más cómodo sobre pistas duras, Agassi logró adaptar su estilo lo bastante como para ganar en todas las superficies. Es uno de los pocos tenistas de la historia en haber ganado los cuatro campeonatos Grand Slam.

Serena Williams se considera una de las mejores jugadoras de tenis de todos los tiempos, y domina a sus oponentes con la enorme potencia de sus golpes de fondo. Utiliza una serie de patrones de juego que empiezan con un servicio o resto potente, seguidos de golpes de fondo que defiende con sólidas voleas y remates desde la red. Además, es una excelente jugadora de dobles y hasta la fecha ha ganado 12 títulos de Grand Slam en dicha modalidad.

⮑ **Golpe preferido: la derecha**
Los jugadores agresivos de fondo de pista tienden a dominar a sus oponentes con su golpe de derecha.

El jugador todoterreno

El jugador todoterreno suele ser el mejor para observarlo como público, gracias a la versatilidad y creatividad de su juego. Es capaz de ejecutar un amplio abanico de golpes desde todas las áreas de la pista, así como de adaptar sus tácticas en función del oponente, el tipo de pista y el marcador.

ESTILO DE JUEGO La principal arma del jugador todoterreno es la versatilidad de su técnica, que le permite alternar entre golpes con comodidad y eficacia. Esto suele implicar el uso de empuñaduras no demasiado extremas (que facilitan el cambio de una a otra), así como un buen juego de pies y patrones de movimiento eficaces que faciliten la transición de la línea de fondo hacia la red. Al emplear un abanico de golpes más amplio que los demás jugadores, tendrá que tomar decisiones con mayor frecuencia. Por consiguiente, su capacidad de selección de golpe y su lectura general del juego deberán ser excepcionales.

CÓMO IDENTIFICARLO Este jugador se siente cómodo en todas las áreas de la pista. Cuenta con una buena técnica de remate y de volea, y a menudo golpea con un revés a una mano que le permite recurrir a un abanico de golpes y tácticas más amplio. También hay veces que usa la táctica del saque-volea o se aproxima a la red tras golpear el resto. No es probable que utilice empuñaduras extremas, así que esté atento a la empuñadura este de derecha, que le permitirá aproximarse a la red para devolver golpes en corto de bote bajo.

CÓMO GANARLO La clave al enfrentarse a un jugador todoterreno pista es limitar sus oportunidades de aproximarse a la red. Esto requerirá golpear con suficiente potencia y profundidad para mantenerlo detrás de la línea de fondo y evitar que ataque dentro de la pista. Las pelotas de bote alto con mucho efecto también pueden darle problemas, especialmente si se trata de un rival que emplea un revés a una mano. Asegúrese de mantener un número suficiente de primeros servicios válidos para minimizar las posibilidades del rival de aproximarse a la red después del resto.

TÁCTICAS Y EMPUÑADURA PREFERIDAS

TÁCTICAS
El jugador todoterreno es un experto en el uso de la variedad, y recurre a un amplio abanico de golpes para impedir que su rival encuentre un ritmo de juego constante. Aunque está cómodo sobre la línea de fondo, una de las principales tácticas del jugador de toda la pista es aproximarse regularmente a la red, en especial tras un golpe en corto y con ángulo que arrastre a su oponente fuera de la pista en diagonal.

⮌ **Golpe de aproximación en corto y con ángulo**
El jugador todoterreno se aproxima con un revés en corto y angulado (2). Observe cómo su oponente se ve obligado a retrasar su posición, lo que permite que el jugador envíe una volea ganadora hacia el espacio creado.

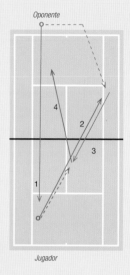

EMPUÑADURA
Empuñadura este de derecha

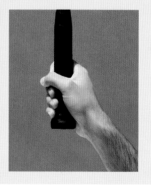

⮌ **Buen juego de red**
Un jugador todoterreno debe sentirse cómodo jugando desde cualquier punto de la pista, incluida la red.

EJEMPLOS CÉLEBRES

Justine Henin se convirtió en la tenista número uno del mundo utilizando un estilo único de juego todoterreno. Su revés a una mano, descrito por John McEnroe como «el mejor revés del mundo», le permitía mezclar el efecto cortado con el *liftado*, el juego de red con el de fondo y la agresividad con la consistencia.

Roger Federer es, probablemente, el mejor jugador de tenis de todos los tiempos. Posee el estilo de juego todoterreno definitivo. La fluidez de sus movimientos, su posicionamiento y su técnica le permiten dominar desde cualquier punto de la pista; su inteligencia táctica le deja tomar decisiones acertadas en los momentos clave de la competición.

El jugador de contraataque

El contraataque está adquiriendo popularidad en un momento en que la velocidad del juego no deja de aumentar. Este tipo de jugador es más selectivo a la hora de atacar, y se siente cómodo enfrentándose a un oponente agresivo; a menudo convertirá la potencia del golpe rival en una oportunidad ofensiva.

ESTILO DE JUEGO El jugador de contraataque debe ser rápido y ágil sobre la pista, con una técnica capaz de controlar la potencia de la pelota entrante. Su velocidad de reacción y su capacidad para tomar decisiones deben estar en plena forma, ya que a menudo sólo contará con una fracción de segundo para reaccionar y responder adecuadamente.

El jugador de contraataque con frecuencia intentará tentar a su oponente a jugar hacia su parte preferida de la pista. Suele dejar un espacio mayor de lo habitual hacia el que el oponente puede enviar la pelota y luego responder agresivamente en plena carrera.

CÓMO IDENTIFICARLO El jugador de contraataque esperará a que usted adopte una actitud ofensiva, así que busque a un jugador que no aproveche pelotas cortas para aproximarse a la red o que no imprima mucha potencia a la pelota con sus golpes de fondo. Normalmente será ágil y rápido sobre la pista, y entrará en acción cuando usted se aproxime a la red, así que asegúrese de tener el punto bajo control antes de hacerlo.

↻ Reciclar la potencia
Los jugadores de contraataque suelen aprovechar la velocidad de la pelota rival para efectuar una devolución agresiva.

CÓMO GANARLO El jugador de contraataque querrá que usted golpee con velocidad, así que ralentizar sus golpes será una buena forma de obligarle a generar potencia por sí mismo. Si elige atacarlo desde la línea de fondo, intente golpear hacia el centro para limitar su ángulo de devolución. Además, deberá procurar no proporcionarle ningún objetivo evidente hacia el que enviar sus golpes, especialmente en la red. Esto implica aproximarse a la red de forma selectiva, asegurándose de que su rival esté bajo suficiente presión como para no atacarle con un globo o un *passing shot*.

TÁCTICAS Y EMPUÑADURA PREFERIDAS

TÁCTICAS
El jugador de contraataque tenderá a dejar intencionadamente un hueco sobre la línea de fondo para tentarle a enviar su golpe hacia allí, concediéndole una oportunidad para moverse en diagonal y responder con un ataque.

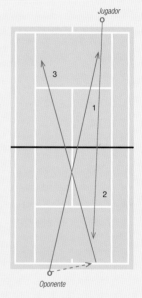

Jugador

➲ Dejar un espacio como señuelo
Observe cómo el jugador envía una cruzada de revés (1) y luego permanece sobre el lado izquierdo de la pista. Esto tienta al oponente a golpear en paralelo (2) hacia el espacio más grande. A continuación, el jugador de contraataque se mueve en diagonal para golpear la pelota mientras corre con su golpe preferido de derecha cruzada (3), para hacerse con el punto.

Oponente

EMPUÑADURA CLAVE
Empuñadura a dos manos
50:50

EJEMPLOS CÉLEBRES

Andy Murray es un maestro del juego de contraataque. Reduce deliberadamente la velocidad de la pelota y a menudo atrae a sus rivales hacia la red para luego superarlos con un globo o un *passing shot*. Mezcla juego agresivo con solidez y precisión, y cuenta con una enorme habilidad defensiva. También, cuando es necesario, es capaz de tomar el control y dominar los puntos con servicios y golpes de fondo potentes.

Martina Hingis ganó cinco títulos de Grand Slam individuales con su eficaz juego de fondo de pista. Su técnica simple y natural le permitía absorber la potencia de los golpes rivales y responder con precisión e inteligencia.

El jugador de red

El objetivo del jugador de red es el dominio del rival desde la red, y para ello tratará de lanzarse hacia delante tan a menudo como pueda. Este tipo de jugador suele emplear una combinación de servicios y golpes de fondo potentes para aproximarse a la red, que luego defiende mediante una sólida combinación de voleas y remates. Le gusta jugar puntos rápidos y poner a su oponente bajo presión de forma inmediata; se trata de un jugador atrevido que debe ser capaz de gobernar los altibajos emocionales que supone este estilo de juego.

ESTILO DE JUEGO El jugador de red puro es más difícil de ver en los últimos años debido a la mejor preparación de la mayoría de jugadores para enfrentarse a oponentes en la red. Las mejoras en la velocidad y fuerza física de los jugadores les permiten golpear *passing shots* y globos desde cualquier punto de la pista, y muchos prefieren contar con un objetivo en la red hacia el que apuntar. Sin embargo, muchos jugadores que tienen un estilo distinto siguen empleando algunas tácticas del estilo del jugador de red como forma de añadir variedad a su juego.

CÓMO DETECTARLO El estilo del jugador de red se adecua a jugadores con servicios potentes a los que les gusta atacar directamente. Esto suele incluir a jugadores altos capaces de cubrir un gran espacio desde la red. Durante el calentamiento previo a un partido, este jugador practica voleas y remates.

El jugador de red suele utilizar un revés a una mano que le permite golpear con efecto cortado, con lo que puede aproximarse a la red. Por tanto, deberá buscar un jugador que use una empuñadura este de revés a una mano.

⌒ Finalizar en la red
La capacidad de acabar los puntos desde la red es una característica crucial en un jugador de red.

CÓMO GANARLO Un jugador de red querrá ponerle bajo la presión de efectuar golpes ganadores tan pronto como se aproxime a la red, pero recuerde que no tiene por qué ganar el punto directamente, incluso si su rival ya se ha aproximado. Intente recurrir a la táctica del *passing shot* doble (*véanse* páginas 106-109) tan a menudo como pueda. Esto supondrá forzar al jugador a volear mandándole una pelota directa al cuerpo, con la intención de finalizar el punto efectuando un *passing shot* o un globo en su siguiente golpe. Con frecuencia, se generará un espacio más natural una vez haya obligado a su rival a golpear su primera volea.

Tendrá que mantener una buena profundidad en sus golpes durante los peloteos de fondo de pista para evitar que su oponente se aproxime a la red desde tan detrás. Busque sus propias oportunidades de aproximación antes de que lo haga su rival.

TÁCTICAS Y EMPUÑADURA PREFERIDAS

TÁCTICAS
Las dos tácticas propias del jugador de red son el saque-volea y el *chip and charge*. Ambas implican aproximarse a la red tan pronto como se inicie el peloteo, y buscan poner al rival bajo presión de inmediato.

⊃ Aproximación en paralelo
El jugador de red aprovecha un resto de revés paralelo cortado al segundo servicio para aproximarse a la red (2). Observe cómo sigue la trayectoria de la pelota y luego pasa a cubrir el lado paralelo y central, forzando al oponente a intentar un difícil *passing shot* cruzado (3).

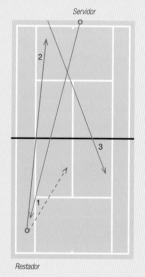

Servidor

Restador

EMPUÑADURA CLAVE
Empuñadura este de revés

EJEMPLOS CÉLEBRES

Pete Sampras

se convirtió en uno de los tenistas más exitosos de todos los tiempos mediante una táctica de saque-volea que ponía a sus oponentes bajo presión de forma inmediata, especialmente sobre las pistas de césped de Wimbledon, donde ganó en siete ocasiones.

Martina Navratilova

ganó un total de 59 títulos de Gran Slam (individual, dobles y dobles mixtos), exhibiendo un dominio de la red sin igual. Solía emplear la táctica del saque-volea, cuando estaba al saque, combinada con el restar y subir cuando se hallaba al resto. Sus aptitudes físicas, unidas a su excepcional juego de red, la convirtieron, probablemente, en la mejor tenista de todos los tiempos.

El jugador sólido de fondo/pista

El estilo del jugador sólido de fondo de pista se basa en golpes sólidos y precisos desde la línea de fondo, así como en la habilidad para pasar largos períodos de juego sin cometer errores no forzados. Esto requerirá templanza, concentración y la capacidad para soportar peloteos de larga duración.

ESTILO DE JUEGO El estilo del jugador sólido de fondo de pista está perdiendo popularidad debido a la enorme importancia que el carácter físico del juego ha adquirido en el tenis actual. Los momentos neutrales durante un peloteo de fondo, en que ambos jugadores se limitan a intercambiar golpes sólidos, son cada vez menos frecuentes. Hoy en día, los jugadores prefieren enviar golpes agresivos desde la línea de fondo con la intención de presionar al rival y generar una oportunidad ofensiva. En otras palabras, casi cada golpe de fondo se considera una oportunidad para atacar.

Sin embargo, paciencia, precisión y consistencia siguen siendo grandes cualidades en un tenista, sobre todo entre los jóvenes deseosos de mejorar su juego. A un nivel *amateur*, la gran mayoría de puntos se ganan mediante un error del oponente, forzado o no forzado, así que contar con un juego de fondo de pista sólido será un paso fundamental hacia el éxito.

CÓMO IDENTIFICARLO Este jugador asume muchos menos riesgos que los demás. Normalmente juega de forma muy consistente desde ambos lados, pero no tiene por qué contar con una derecha o un revés muy potentes. Depende de los errores de su oponente para ganar la mayor parte de sus puntos, así que contará con una buena resistencia y la capacidad de mantener la concentración. A menudo tendrá una empuñadura más extrema en su lado de derecha debido a la menor necesidad de agilizar la transición entre la línea de fondo y la red. Busque a un jugador que utilice una empuñadura oeste de derecha; es la que mejor se adapta al juego constante de fondo de pista.

♺ **Constancia desde el fondo**
Un juego sólido desde la línea de fondo es la base del estilo de este jugador.

CÓMO GANARLO Es difícil ganar en resistencia a un jugador constante de línea de fondo, así que añadir variedad al punto será una opción más adecuada. Esto puede traducirse en una aproximación a la red que obligue a su rival a realizar *passing shots* o globos. Otra opción es atraerlo deliberadamente hacia delante y forzarlo a jugar desde la red, donde puede que no se encuentre cómodo. Finalmente, puede probar a pelotear desde la línea de fondo pero alternando la potencia de sus golpes, para impedir que su rival encuentre un ritmo con el que se sienta a gusto.

TÁCTICAS Y EMPUÑADURA PREFERIDAS

TÁCTICAS
El jugador solido de fondo de pista depende de los errores de su rival, por lo que no trata de dominar el punto con un patrón de juego específico. Sin embargo, esté preparado para intercambiar golpes precisos y constantes durante gran parte del partido. A menudo peloteará en cruzado, buscando la parte más baja de la red y el área más amplia de la pista hacia la que enviar la pelota. También recurrirá a la cruzada a la hora de defender, golpeando con altura y profundidad, y forzará a un oponente en la red a jugar tantas voleas y remates como le sea posible.

➲ **Peloteo cruzado**
Este diagrama muestra las áreas objetivo hacia las que el jugador sólido de fondo de pista enviará la mayor parte de sus golpes de fondo.

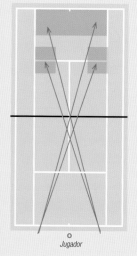

Jugador

EMPUÑADURA CLAVE
Empuñadura oeste de derecha

EJEMPLOS CÉLEBRES

Michael Chang fue uno de los jugadores de fondo de pista más sólidos de todos los tiempos. Combinaba velocidad y resistencia con una concentración y decisión extremas, y fue recompensado con la victoria individual en Roland Garros en 1989, convirtiéndose en el ganador más joven de un Grand Slam de todos los tiempos. Este récord sigue vigente hoy en día.

Chris Evert, antigua número uno mundial, dominó el mundo del tenis femenino con la fuerza de su juego de línea de fondo. Sus golpes eran precisos y perfectamente coordinados, y su inteligencia táctica no tenía rival.

3 DIFERENCIAS ENTRE EL TENIS
MASCULINO Y FEMENINO

Hoy en día existe una diferencia considerable entre las modalidades masculina y femenina del tenis de élite. Las diferencias físicas han provocado que las jugadoras utilicen técnicas y estrategias distintas de las que emplean sus homólogos masculinos.

POSICIÓN EN PISTA Las jugadoras tienden a jugar más cerca de la línea de fondo, recurriendo a técnicas simples y efectivas para reciclar la velocidad de la pelota entrante (a fin de devolver con potencia), y a usar *swings* más cortos de fácil coordinación. En cambio, los hombres suelen jugar desde posiciones más retrasadas, que les permiten generar más potencia por sí mismos. Esto se traduce en técnicas de *swing* más largas y complejas, que implican más partes del cuerpo en la ejecución de los golpes.

CARACTERÍSTICAS DE LA PELOTA Las distintas preferencias de hombres y mujeres en cuanto a la posición en pista han resultado en el uso de estrategias igualmente diferentes por parte de ambos géneros. Debido a su posición más próxima a la línea de fondo, las mujeres tienden a golpear la pelota con una trayectoria más plana y con menos efecto, y como consecuencia utilizan un abanico más amplio de ángulos de ataque. Debido a su posición más retrasada, los hombres cuentan con más espacio de pista hacia el que mandar sus golpes, lo que se traduce en una mayor diversidad de trayectorias, efectos y ángulos posibles. Esto conduce, a su vez, a una mayor variedad de tácticas y estilos de juego en el circuito profesional masculino.

SERVICIO Y RESTO Los hombres acostumbran a depender más de su servicio, mientras que el golpe clave del tenis femenino actual es el resto. Ambos géneros elaboran patrones de juego específicos y desarrollan unas habilidades particulares centradas en estas dos situaciones clave del juego. Por lo general, los hombres prefieren su derecha de fondo como golpe ofensivo después de sacar, mientras que las mujeres cuentan con una proporción más equilibrada de derechas respecto a reveses desde el fondo de la pista.

JUEGO DE RED En lo relativo al juego de red, los hombres tienden a asumir más riesgos y a aproximarse con mayor frecuencia, mientras que las mujeres son más selectivas a la hora de adelantar su posición en pista. Muchas jugadoras prefieren lograr primero una posición dominante desde la línea de fondo para después aproximarse a la red y finalizar el punto. Como consecuencia, las estadísticas demuestran que las mujeres son más efectivas desde la red que los hombres, lo cual pone de relieve su actitud más selectiva en sus aproximaciones.

DURACIÓN DEL PELOTEO También puede apreciarse una diferencia en la duración media de los peloteos en el tenis masculino y el femenino. Las mujeres están adoptando una actitud de «primer golpe» (intentan atacar a la primera oportunidad que se presente) que da lugar a una abreviación de sus peloteos. La táctica clave en el tenis femenino es golpear todo lo lejos de la oponente y con la mayor agresividad que sea posible. Por el contrario, en el tenis masculino, la tendencia apunta a un aumento en la duración de los peloteos, atribuible a la mejora en las aptitudes defensivas de los jugadores.

EL FUTURO DEL TENIS Las diferencias de estilo que observamos hoy no tienen por qué ser las que veremos en el futuro. Es probable que el tenis femenino vaya pareciéndose cada vez más al masculino conforme las jugadoras vayan adaptando y desarrollando sus aptitudes físicas. El juego de red podría ganar importancia como respuesta al actual dominio de los jugadores agresivos de fondo de pista, mientras que los jugadores de toda la pista, con su gran versatilidad, podrían acabar alzándose por encima de los demás.

Rafael Nadal
Rafael Nadal imprime un enorme efecto *liftado* a sus golpes de fondo, lo que hace que la pelota bote alta, profunda y, a menudo, con mucho ángulo.

Todo jugador de éxito emplea un estilo de juego personal, mezcla de las aptitudes técnicas, tácticas, físicas y mentales que conforman su identidad como jugador. Este estilo se desarrolla a lo largo de muchos años de entrenamiento y competición, y sigue en constante evolución durante toda la carrera del tenista. Crear un estilo propio le permitirá desarrollar las tácticas y los patrones de juego que mejor se adapten a sus aptitudes. Le ayudará a planear entrenamientos más específicos y a mejorar su concentración durante los partidos. Es vital que conozca su estilo de juego, pues será lo que rija toda su actividad sobre la pista.

Factores técnicos y tácticos

Es imposible separar la técnica de la táctica, ya que la forma en que golpee la pelota influirá en el desarrollo del juego, pero su modo de jugar también afectará a cómo golpee la pelota. Por tanto, asegúrese de que su técnica complementa al modo en que está intentando jugar al tenis. Con frecuencia, la técnica de un jugador no se ajustará a sus tácticas, lo que se traducirá en un rendimiento y unos resultados decepcionantes. Como ejemplo, imagine

a un jugador con una empuñadura extrema de derecha que quiere jugar en la red tan a menudo como sea posible. El gran cambio de empuñadura requerido para pasar de su golpe de fondo de derecha a su volea complicará mucho su plan. Así, deberá modificar su empuñadura de derecha (para agilizar la transición), o bien jugar más desde la línea de fondo y esperar una pelota más alta y lenta que le dé más tiempo para preparar su golpe de red.

¿USA UNA EMPUÑADURA SUAVE? Por regla general, los jugadores que utilizan empuñaduras más suaves (continental y este de derecha, este de revés a una mano y revés a dos manos 50:50) en sus golpes de fondo pueden realizar la transición a la red con más facilidad. Deben alterar menos su empuñadura para volear y tienden a golpear con posiciones neutrales (pie delantero directamente delante del trasero) en que la inercia de su propio golpe les acompaña hacia delante. Se sienten cómodos aproximándose frente a pelotas bajas a la altura de la cintura, perfectas para su estilo.

Una empuñadura más suave también significa que estos jugadores puedan pelotear con una variedad más amplia de golpes, dado que pueden alternar entre empuñaduras de forma rápida y fluida. Por ejemplo, un jugador todoterreno que utilice una empuñadura este de derecha podrá elegir entre jugar un revés cortado, un revés de fondo, una dejada, una volea o un remate en el mismo instante del partido. Por eso, el jugador todoterreno y el de red (*véanse* páginas 126-127 y 130-131) tienden a usar más este tipo de técnicas.

¿USA UNA EMPUÑADURA EXTREMA? Los jugadores que utilizan empuñaduras más extremas (semi-oeste y oeste de derecha, este extremo de revés a una mano y revés a dos manos 75:25) tienden a preferir el juego detrás la línea de fondo debido a la eficacia de estas empuñaduras contra pelotas altas y a su gran capacidad para generar efecto sobre la pelota. Sin embargo, la transición a una empuñadura de volea o remate es más complicada que con las empuñaduras suaves, lo cual requiere que los jugadores sean más selectivos a la hora de aproximarse a la red. Este estilo de juego se adapta mejor a los jugadores agresivos de fondo de pista y a los sólidos de fondo de pista (*véanse* páginas 124-125 y 132-133).

Piense en su forma de golpear la pelota: ¿encaja con la forma en la que quiere jugar? Analice las empuñaduras que utiliza: ¿le permiten jugar desde su área de pista preferida? ¿Cómo y desde dónde gana sus puntos?

↩ **Técnica perfecta**
La técnica de este jugador encaja perfectamente con su estilo de juego agresivo de fondo de pista.

Factores físicos

Cada estilo de juego requiere unas características físicas ligeramente distintas. El jugador agresivo de fondo de pista, por ejemplo, deberá ser rápido y fuerte. El sólido de fondo de pista, por otro lado, deberá contar con una buena resistencia, mientras que el jugador de red tendrá que ser ágil y tener un buen equilibrio para cubrir la red de manera eficaz.

La constitución física del jugador también influirá enormemente en sus posibilidades. A menudo, los jugadores bajos y ágiles jugarán más desde la línea de fondo, manteniéndose en el peloteo y a la espera de una oportunidad de atacar o de lanzarse a la red para ganar el punto. Estos jugadores pueden tener problemas a la hora de generar potencia, de modo que a menudo reciclarán la velocidad de la pelota entrante para su siguiente golpe. Estos atributos físicos encajan de forma natural con el estilo de juego de contraataque y el del jugador sólido de fondo de pista (*véanse* páginas 128-129 y 132-133).

Los jugadores altos que sean flexibles y delgados tenderán a jugar más desde la red, aprovechando su habilidad para recorrer rápidamente el espacio entre la línea de fondo y la red, así como para cubrir una gran sección de red gracias a su mayor envergadura. Estos jugadores suelen sacar y volear, y aprovecharán el resto como golpe de aproximación cuando les sea posible. Estos atributos físicos encajan con los estilos de juego todoterreno y de red (*véanse* páginas 126-127 y 130-131).

Entonces, ¿sus características físicas se adecuan a la forma en la que quiere jugar al tenis? ¿Se adapta su estilo de juego a su constitución física?

➲ **Coordinación perfecta desde la línea de fondo**
Esta jugadora emplea una coordinación perfecta desde la línea de fondo para reciclar a su favor la potencia del golpe rival.

◑ **Cualidades físicas**
La velocidad y la fuerza de este jugador le permiten desplazarse rápidamente desde la línea de fondo hasta la red.

◑ **Adopte una buena posición de espera**
Asegúrese de empezar en una buena posición de espera para maximizar sus aptitudes físicas cada vez que juegue.

◯ Dobles: la comunicación es clave
En los dobles, una buena comunicación con su pareja puede ayudarles a mantener la concentración y una actitud positiva.

◯ Entrene su fortaleza mental
Es crucial que esté completamente concentrado en sus golpes, tanto física como mentalmente, sin importar cuál sea su estilo de juego.

➲ Entrene con un profesional
Trabajar con un entrenador le ayudará a comprender el juego en toda su profundidad.

Factores psicológicos

Su actitud sobre la pista también afectará a la forma en que desarrolle su juego. Por tanto, igual que con los factores anteriores, será crucial que su mentalidad encaje con su tipo de juego. Por ejemplo, si su estilo es agresivo, necesitará una mentalidad fuerte, capaz de soportar los altibajos emocionales que resultan de ganar y perder puntos en rápida sucesión. Deberá ser capaz de asumir riesgos y aceptar las consecuencias, sin perder la claridad mental ni la capacidad de tomar decisiones acertadas. Esto será especialmente necesario en el caso del jugador agresivo de fondo de pista y el jugador de red.

El jugador todoterreno contará con muchas opciones tácticas. Podrá optar por quedarse atrás, aproximarse o incluso atraer a su oponente hacia la red, y contará igualmente con varios golpes entre los que elegir. Por tanto, si se decanta por este estilo de juego, tendrá que contar con suficiente inteligencia táctica como para decidir rápidamente y con acierto entre sus numerosas opciones.

El jugador sólido de línea de fondo y el de contraataque deberán ser perseverantes y tener la determinación de no rendirse ante ningún golpe. Tendrán que ser capaces de mantener la concentración durante largos períodos de tiempo sin asumir tantos riesgos como otros tipos de jugadores. Para jugar de este modo, deberá ser tenaz y estar dispuesto a aceptar los ataques, en ocasiones exitosos, de su rival.

Piense ahora en sus puntos fuertes mentales: ¿a qué estilo de juego se adaptan mejor? ¿Es usted atrevido? ¿Le gusta contar con muchas opciones o prefiere la simplicidad? ¿Prefiere atacar o defender?

Descubra más sobre su juego

Puede analizar su juego mediante hojas de perfil, exámenes, estadísticas, fijándose metas, trabajando con su entrenador y grabándose en vídeo. Estas herramientas le permitirán comprender sus puntos débiles y fuertes, tanto físicos como psicológicos. Por ejemplo, el análisis por vídeo le enseñará cómo golpea la pelota y si su técnica encaja o no con la trayectoria que quiere dar a la misma. También podrá saber más sobre sus características físicas por medio de un examen que estudie atributos como velocidad, agilidad, fuerza, resistencia y flexibilidad, lo que le permitirá detectar sus puntos fuertes y aquellas áreas en las que necesite mejorar. Rellenar una hoja de perfil técnico y táctico (*véase* página siguiente) le ayudará a ser más consciente de sus aptitudes y le dará un punto de inicio a la hora de plantearse objetivos para mejorar su juego.

HOJA DE PERFIL TÉCNICO Y TÁCTICO

MI ESTILO DE JUEGO
1: Jugador agresivo de fondo de pista
2:
3:

MODELO(S) A SEGUIR
1: Novak Djokovic
2: Andy Murray
3:

PUNTOS FUERTES
1: Derecha potente y revés sólido
2: Velocidad sobre la pista
3: Actitud tenaz

ÁREAS CLAVE EN LAS QUE MEJORAR
1: Precisión y solidez del saque-elevación de la pelota más recta
2: Técnica de volea, mantener la muñeca firme al golpear
3: Elegir bien el momento de aproximarme a la red, reconocer las oportunidades

«JUEGO MEJOR CUANDO...»
1: Caliento bien antes de un partido
2: Empiezo el partido sin cometer errores no forzados
3: Me concentro y me olvido del resultado del partido

EJERCICIOS CLAVE
1: Practicar 20 saques antes de un partido
2: Serie de cruzadas seguidas de paralelas
3: Serie de golpes en corto alternados con profundos

ATRIBUTOS FÍSICOS NECESARIOS
1: Velocidad y resistencia
2: Flexibilidad y agilidad de hombros
3: Fuerza de piernas conforme mi servicio vaya mejorando

ATRIBUTOS MENTALES NECESARIOS
1: Buen control emocional cuando el marcador esté igualado
2: Mantener la tenacidad y la determinación incluso por detrás en el marcador
3: Capacidad para leer el juego de mi oponente al principio del partido

OBJETIVOS DE COMPETENCIA
1: Ganar la liga individual
2: Entrar en el equipo de dobles del club
3: Ascender de categoría de competición

OTROS COMENTARIOS
1: Dedicar más tiempo a trabajar con el entrenador
2: Inscribirme en más competiciones durante el verano
3:

GLOSARIO

Ambos abajo: formación de dobles en que los dos jugadores de una pareja se sitúan sobre la línea de fondo.

Anticipación: capacidad de predecir el resultado del próximo golpe del rival.

Anticipación táctica: capacidad de predecir el próximo golpe del rival a partir de su posición sobre la pista y sus patrones de juego.

Anticipación técnica: capacidad de predecir el próximo golpe del rival a partir de la técnica que esté a punto de utilizar.

Aproximación instintiva: acercamiento a la red por parte de un jugador tras comprobar la efectividad de su golpe anterior.

Aproximación planeada: acercamiento a la red planeado por el jugador antes de realizar su último golpe e independientemente de su resultado.

Aproximación rápida: tipo de aproximación en que el jugador se desplaza en dirección a la red tras comprobar la eficacia de su último golpe.

Bloqueo: golpe de fondo con un movimiento muy corto de preparación de raqueta empleado para controlar pelotas muy rápidas. Se usa a menudo para responder a servicios potentes.

Capacidad de recepción: habilidad para leer el juego mientras se reciben los golpes del oponente mediante una buena anticipación, percepción, preparación y movimiento.

Características de la pelota: distintas propiedades del desplazamiento de la pelota en el aire tras ser golpeada: altura, dirección, profundidad y efecto.

Contrapié: golpe realizado en la misma dirección que el último golpe del rival. Su eficacia es máxima cuando el oponente anticipa un golpe hacia el lado contrario de la pista.

Dejada: golpe ejecutado con suavidad que bota muy cerca de la red. Es especialmente efectivo cuando el adversario se encuentra en la línea de fondo.

Derecha invertida: golpe de derecha cruzado, ejecutado desde el lado natural del revés del jugador. El golpe opuesto es el revés invertido.

Doble finta: amago de un jugador de desplazarse en una dirección para, a continuación, dirigirse a cubrir el lado opuesto de la pista.

Elevación de la pelota: modo en que un jugador eleva la pelota antes de ejecutar un servicio.

Empuñadura: forma en que un jugador sujeta la raqueta a la hora de golpear la pelota. En el caso del tenis, existen diversos tipos de empuñaduras diferentes.

Error forzado: error cometido por un jugador debido a la presión ejercida por su oponente.

Estilo de juego: el estilo de juego de un jugador representa su forma de desenvolverse sobre la pista, y depende de sus aptitudes físicas, psicológicas, técnicas y tácticas.

Forma del *swing*: recorrido de la raqueta antes, durante y después de golpear la pelota.

Globo: golpe que sobrepasa por encima a un oponente situado en la red. Puede ejecutarse en individual o en dobles como golpe de ataque o de defensa.

Golpe con ángulo: golpe cruzado y corto. Puede ser un golpe de fondo, un resto, una volea o un remate.

Golpe cortado: golpe con efecto en que la pelota al botar se desliza con un bote bajo. Puede efectuarse como golpe de fondo, volea o servicio.

Golpe cruzado: golpe que se juega en diagonal y que recorre la pista desde una de sus esquinas hasta la opuesta.

Golpe de aproximación: golpe realizado con la intención de aproximarse a la red tras su ejecución.

Golpe de ataque: golpe que crea la posibilidad de finalizar el punto.

Golpe de cambio: golpe de fondo paralelo jugado durante un peloteo cruzado.

Golpe de construcción: golpe que sitúa al jugador en una posición ventajosa en el peloteo.

Golpe de fondo: golpe, de derecha o de revés, efectuado después de que la pelota haya botado.

Golpe de intercambio: golpe que mantiene el equilibrio entre jugadores durante un punto. También se denomina golpe de peloteo.

Golpe de porcentaje: golpe con un elevado margen de error (es decir, con un objetivo amplio).

Golpe defensivo: golpe que pretende impedir que el oponente finalice el punto.

Golpe ganador: golpe al que el oponente no puede responder o en el que apenas toca la pelota con su raqueta.

Golpe *liftado*: golpe en que la pelota adquiere un efecto que tiende a hacerla botar con más altura que el resto de golpes. Puede efectuarse como golpe de fondo, volea o servicio.

Golpe paralelo: golpe jugado en paralelo a las líneas laterales, desde la derecha o la izquierda de la pista.

Juego de pies: forma en que un jugador se posiciona antes de golpear la pelota, ya sea acercándose, alejándose o rodeándola.

Juego paralelo: en dobles, desplazamiento vertical o lateral de los compañeros de juego para prevenir la apertura de huecos peligrosos entre ellos.

Jugador a dos manos: jugador que mantiene ambas manos sobre la raqueta durante el golpe. Es particularmente habitual en golpes de fondo de revés.

Jugador agresivo de línea de fondo: jugador que emplea golpes de fondo agresivos desde la línea de fondo para ganar la mayor parte de sus puntos.

Jugador de contraataque: jugador que se adecua al ritmo de su oponente y devuelve los golpes de forma precisa y consistente. Un jugador de contraataque acostumbra a preferir que su rival tome la iniciativa ofensiva en un peloteo.

Jugador de línea de fondo: jugador que emplea golpes de fondo fuertes desde la línea de fondo para ganar la mayor parte de sus puntos.

Jugador de red: jugador que gana la mayor parte de sus puntos en la red mediante remates y voleas.

Jugador sólido de línea de fondo: jugador que emplea golpes de fondo solidos y constantes desde la línea de fondo para ganar la mayor parte de sus puntos.

Jugador todoterreno: jugador que está cómodo jugando desde todas las áreas de la pista y es capaz de acabar los puntos en la red.

Lado de iguales: mitad derecha de la pista de un jugador desde donde se ejecuta el servicio (es decir, a la derecha de la marca central).

Lado de ventaja: mitad izquierda de la pista de un jugador desde donde se ejecuta el servicio (es decir, a la izquierda de la marca central).

Línea de fondo: línea situada a ambos extremos de la pista (paralela a la red) desde la que saca el servidor.

Loop agresivo: golpe de fondo *liftado* efectuado con altura sobre la red, con la intención de hacer retroceder al rival hacia el fondo (y a menudo el lado).

Margen de error: nivel de error que un jugador se permite para cada golpe. Algunos golpes se realizan con un margen de error mayor que otros.

Movimiento diagonal: desplazamiento en diagonal de un jugador en dirección a la pelota.

Movimiento lateral: desplazamiento del jugador de un extremo al otro de la línea de fondo para alcanzar la pelota.

Passing shot: golpe de fondo empleado cuando el oponente se está aproximando a la red o se halla en ella. El *passing shot* puede jugarse cruzado, paralelo o en la dirección del adversario.

Passing shot doble: táctica en que un jugador efectúa un *passing shot* de porcentaje a fin de que su oponente juegue una volea, respondiendo con un *passing shot* ganador o un globo.

Patrón de juego: secuencia de golpes que emplea un jugador para desarrollar sus tácticas preferidas.

Pelota basura: pelota golpeada con la intención de romper el ritmo del rival. Esto puede implicar un golpe con poca fuerza, un efecto inusual o dirigido a un lugar extraño de la pista.

Pelota flotante: pelota que cruza la red a gran altura y con poca velocidad.

Peloteo de línea de fondo: punto que se juega empleando golpes de fondo desde la línea de fondo por parte de ambos jugadores.

Percepción: capacidad de analizar las características de una pelota entrante.

Posición: modo en que un jugador se sitúa en la pista al ejecutar un golpe.

Posición abierta: golpe realizado con el pie delantero del jugador situado junto al trasero, de modo que su cadera quede de cara a la red.

Posición cerrada: golpe en que el jugador se encuentra con los pies en posición perpendicular a la red.

Posición de espera: posición que adopta el jugador cuando su oponente está a punto de golpear la pelota.

Posición de resto: posición que adopta un jugador cuando está a punto de devolver un servicio. Puede ser distinta en función de si está respondiendo a un primer o a un segundo servicio.

Posición en pista: posición sobre la pista que adopta un jugador o un equipo.

Posición neutral: golpe realizado con el pie delantero del jugador alineado con el trasero, de modo que su cadera quede perpendicular a la red.

Preparación de la raqueta: movimiento inicial del golpe en que el jugador lleva la raqueta hacia atrás antes de llevarla hacia delante para golpear la pelota.

Presión temporal: presión ejercida sobre un oponente al limitar el tiempo del que dispone para realizar su próximo golpe.

Punto de contacto: punto de impacto entre la pelota entrante y la raqueta del jugador.

Recuperación: capacidad de retornar al centro de la pista antes de que el rival efectúe su siguiente golpe.

Remate: golpe realizado contra una pelota que pasa sobre la cabeza del jugador a la altura de la red. La técnica de golpeo empleada es similar a la del servicio y requiere un posicionamiento preciso bajo la pelota.

Restar y subir: táctica en que el restador ejecuta el resto con un efecto cortado a modo de golpe de aproximación. Es una estrategia empleada con frecuencia contra segundos servicios.

Resto: golpe que un jugador realiza después de que su oponente ejecute el servicio.

Resto en espejo: réplica a un servicio en la misma dirección que se encuentra el servidor, normalmente hacia el fondo de la pista.

Saque al cuerpo: servicio dirigido deliberadamente hacia el cuerpo del oponente a fin de entorpecer su resto.

Saque al medio: servicio golpeado hacia el centro del cuadro de servicio del adversario, ya sea en el lado de ventaja o de iguales. También llamado saque a la «T».

Saque con ángulo: servicio golpeado hacia el exterior del cuadro de servicio del adversario, ya sea en el lado de ventaja o de iguales.

Saque cortado: servicio ejecutado mediante un golpe cortado.

Saque liftado: servicio ejecutado mediante un golpe *liftado*. La pelota bota en la pista con un bote alto.

Saque y volea: táctica de aproximación a la red tras la ejecución del servicio con la intención de acabar el punto mediante una volea ganadora.

Selección de golpe: decisión que toma un jugador respecto a cuál será su siguiente golpe.

Servicio o saque: golpe con el que un jugador inicia un punto. Los servicios se ejecutan alternativamente desde el lado de iguales y el lado de ventaja.

Situación de juego: posición en pista desde la que los jugadores desarrollan su juego. Existen cinco situaciones de juego principales: saque, resto, juego de fondo, en la red y oponente en la red.

Split-step: pequeño paso con ambos pies a la vez que equilibra el cuerpo del jugador y le facilita el desplazamiento en cualquier dirección en el momento en que el oponente está a punto de golpear la pelota.

Táctica: tipo de juego empleado por un jugador para ganar la mayoría de sus puntos.

Trayectoria de la pelota: forma que describe la pelota en el aire tras ser golpeada.

Trayectoria de vuelo: recorrido aéreo seguido por la pelota tras ser golpeada.

Uno arriba/uno abajo: formación común en los juegos de dobles, en que un jugador de la pareja se sitúa en la red y el otro sobre la línea de fondo.

Variedad de golpes: capacidad para realizar una serie de golpes distintos a lo largo de un partido.

Volea: golpe que se realiza antes de que la pelota bote contra la pista.

Volea de finalización: volea empleada para terminar un punto.

Volea de interceptación: en dobles, cuando uno de los jugadores de cualquiera de las dos parejas interrumpe un peloteo de línea de fondo mediante una volea.

Volea sueca: volea realizada con la técnica correspondiente a un golpe de fondo, lo que otorga velocidad y efecto a la pelota.

ÍNDICE

Los números en *cursiva* remiten
a las ilustraciones

Agradecimientos del editor

Marshall Editions quisiera dar las gracias a las siguientes agencias por facilitar imágenes para su inclusión en este libro:

página 1 David Lee/Shutterstock; páginas 2-3 David Madison/Getty Images; página 4 Sportlibrary/Shutterstock; página 5 Joe Belanger/Shutterstock; página 7 Olga Besnard/Shutterstock; páginas 8-9 AFP/Getty Images; páginas 10-11 Neale Cousland/Shutterstock; páginas 12, 14, 18 Sportlibrary/Shutterstock; páginas 20-21 Sportlibrary/Shutterstock; páginas 22, 32, 34 fstockfoto/ Shutterstock; páginas 46-47 bikeriderlondon/Shutterstock; páginas 48, 54, 57, 60 JosePaulo/Shutterstock; páginas 68-69 sportgraphic/Shutterstock; páginas 104-105 Jose Gil/Shutterstock; páginas 106, 114 Neale Cousland/ Shutterstock; páginas 120-121 Neale Cousland/ Shutterstock; páginas 122, 124, 134, 136 Foodpics/ Shutterstock; página 125 arriba Anthony Correia/ Shutterstock; página 127 Galina Barskaya/Shutterstock; página 129 Neale Cousland/Shutterstock; página 131 Clive Brunskill/Getty Images; página 133 Sports Illustrated/ Getty Images; página 134 Neale Cousland/Shutterstock; página 135 Getty Images; páginas 140-141, 142-143 Paul Maguire/Shutterstock; página 144 JosePaulo/Shutterstock.

Todas las demás imágenes son *copyright* de Marshall Editions. Si bien se ha hecho todo lo posible para atribuir las imágenes a sus legítimos autores, Marshall Editions quisiera disculparse en el caso de que exista cualquier omisión o error, y realizará con agrado la corrección apropiada en futuras ediciones del libro.

Agradecimientos del autor

Muchas gracias a Sorrel Wood y Philippa Davis, de Marshall Editions, por ayudarme a hacer realidad este libro, así como a Caroline West y Mark Latter, de Blue Dragonfly Limited, por prestar su ayuda experta en la gestión, edición y diseño del proyecto. Gracias también a Simon Ainley y Dan Thorp por su impagable conocimiento en el campo del tenis, y a Simon Pask por sus excepcionales fotografías.

Un agradecimiento especial a la Lawn Tennis Association por habilitar el uso de su National Tennis Centre, en Londres, donde se realizaron las fotografías especiales. Finalmente, gracias a Dan Betts, Hannah Collin, Rob Fullagar, Anna Hawkins, Gabrielle Paul, Charlotte Pearce, Miguel Santana y Niall Stewart por su gran labor como modelos en tan diverso abanico de golpes y situaciones sobre la pista de tenis.

Dedicatoria
A mi maravillosa esposa Catherine
y a nuestros tres fantásticos hijos,
Jake, Scott y Luke.